新潮新書

飯山 陽
IIYAMA Akari

イスラム教の論理

752

新潮社

まえがき

これまで「あたりまえ」だと思っていたことが、いつの間にか「あたりまえ」でなくなる。人間の歴史は、その繰り返しです。

そして世界は今、おそらく、これまで何度も経験してきたその転換期を新たに迎えています。

２０１６年、アメリカでは自国第一主義を掲げるドナルド・トランプが大統領に選出されました。イギリスでは国民投票によりＥＵからの離脱が決定されました。20世紀後半から推進されてきたグローバル化に対し、先進国では「ノー」を突きつける動きが出始めています。グローバル化はあらゆる国のすべての人々に対して利益があるというテーゼは幻想であると、実際に利益を得ていない人々が主張し始めたからです。

そしてこの反グローバル化とは全く異なる次元で、既存の世界秩序を否定する勢力も登場しています。それが2014年にカリフ制再興を宣言した「イスラム国（IS＝Islamic State）」です。

「イスラム国」は人間によって設定された国境を否定し、一定の領域に囲い込んだ人々によって構成される国民国家を否定し、民主主義という「人間が人間を支配する制度」を否定します。彼らが主張するのは、既存の国民国家制にかわり、カリフという指導者が神の法によって世界を一律に統治するカリフ制の正統性です。

2017年にイラクのモスルとシリアのラッカという二大拠点を失った「イスラム国」の勢力は、もはや下火であるように見えます。しかしたとえイラクとシリアで下火になろうと、彼らが世界中に蒔いた火種が完全に消えることは、少なくとも近い将来にはありえません。なぜなら「イスラム国」の掲げる理想は、世界に18億人いるとされるイスラム教徒全員にとっての理想だからです。それは彼ら自身が自主的に抱いた理想ではなく、彼らが崇拝する絶対的な神によってその実現にむけて尽力するよう命じられた理想です。「イスラム国」は世界中のイスラム教徒たちが忘れかけていたその理想を、カリフ制再興によって思い出させ、その実現が決して夢ではないことを証明して見せました。空爆や砲撃によって「イスラム国」勢力を駆逐することはできても、彼らの理想をイスラム教徒全員の脳内から一掃することは誰にもできません。

イスラム教徒にとっては国境も国民国家も民主主義もグローバル化も、所詮は「人間の産物」にすぎません。しかしイスラム教はそうではありません。イスラム教徒にとってのイスラム教は、神が人間に恩恵として与えた導きです。神の恩恵であるイスラム教が、人間の産物である民主主義に優越するのは、彼らにとっては「当然のこと」です。私たち人間には「確かな真実」がわからないのに対し、神は全知全能だからです。私たちは未来の世界について想像することしかできません。しかしイスラム教徒にとっては、いつか神の法が世界を統治する日が必ずやってくるというのが確定された未来です。なぜなら彼らは、全知全能の神が世界をそのように創造したと信じているからです。

世界には様々な価値観を持つ人々がいます。その中には私たちにとって好ましく、憧れの対象となるような人々もいれば、全く関わりたくないような人々もいます。私たちは一般に、それを「多様性」という言葉で肯定的に受け入れます。しかし世界にはこの「多様性」を否定的に捉え、世界はひとつの価値観に収斂されなければならないと考える人々もいます。イスラム教という宗教は後者に属します。イスラム教徒ではない人にとってあまり嬉しいことではありませんが、それが事実です。イスラム教は従来の国家や地域の枠組みを越えた地球規模の拡大を目指すという意味では確かにグローバル化を志向しますが、それは私たちの考えるグローバル化とは全く異なるものなのです。

私はイスラム法の文献読解とフィールドワークを通して、イスラム教徒自身がイスラム教をどのように認識し論じてきたかについて研究してきました。本書はそれらを踏まえた上で、現代のイスラム教徒にとって世界はどのように見えているか、そしてそれは私たちの世界認識とどのように異なっているかを、具体的な事例から解き明かす試みです。

日本には非イスラム教徒で私のような研究をしている人はほとんどいません。なぜなら、非イスラム教徒がイスラム法研究を通してイスラム教の本質について語ることは、タブーだとされてきたからです。というのも、イスラム法を学びイスラム教の本質に触れた異教徒は必ずイスラム教に改宗する、というのが既定路線だからです。その論理でいくと、私が改宗していないのは私がそれを未だに正しく理解していないからだ、ということになります。イスラム法というのは果てしなく広く深い世界であり、私などはその初学者にすぎませんから、確かにその可能性はあります。しかし、イスラム法を学ばずしてイスラム教について語るのは不可能です。イスラム法について学んだことがないのにイスラム教について語っている人は、そのことすら知らない人です。

日本のテレビや新聞、本や雑誌、インターネット等で目にするイスラム教についての解説のほとんどは、中東の歴史や地域研究あるいは国際情勢分析などを専門としイスラム法については学んだことのない研究者か、日本人イスラム教徒の手によるものです。前者はイスラム教の教義の基本を踏まえぬまま「イスラム教は平和の宗教」だと結論づけ、後者は教義の基本を踏まえた上で宣教に不都合な部分を割愛してイスラム教の素晴らしさを説きます。

両者に共通するのは、イスラム教を絶賛する点、そして①なぜイスラム教徒はテロをおこすのか？ ②なぜ「イスラム国」のようなイスラム過激派に共鳴する人があとをたたないのか？ ③なぜイスラム教徒は自爆などという暴挙に及ぶのか？ といった、多くの日本人が素朴に抱く疑問になにひとつまともな回答を与えない点です。

日本では、①については「テロをおこすのは真のイスラム教徒ではない」、②については「貧困や差別に苦しむ人がイスラム過激派の誘いにのってしまうのだ」、③については「イスラム過激派によって洗脳されたり麻薬づけにされたりした人が自爆を強制されているのだ」と常に説明されます。しかし、これらはいずれも的外れです。

テロをおこすのがイスラム教徒でないならば、なぜ彼らはコーランを唱え、神を讃え、イスラム教の名のもとに攻撃を行うのでしょうか？　彼らをイスラム教徒ではないと判断する根拠は何でしょう？　それを判断し決定する権威者や機関がどこかに存在するのでしょうか？

貧困や差別に苦しむ人がイスラム過激派入りするならば、貧困や差別がなくなればイスラム過激派は自然と消滅するのでしょうか？　なぜ貧困や差別に苦しむ人はイスラム過激派にばかり流れるのでしょう？　経済的にも恵まれ、社会的にも高い地位にある人がすすんで「イスラム国」入りするのはなぜでしょう？

洗脳されたり麻薬づけにされたりした人が自爆させられているのだとしたら、なぜイスラム過激派以外の過激派組織もそれを真似ないのでしょう？　なぜイスラム過激派だけが、ここ数年間で何千回もの自爆攻撃を神の名のもとに実行しえているのでしょう？

これらの疑問に答えるには、イスラム教の教義について学ぶしかありません。現代の世界情勢を知るために宗教の教義を学ぶなどといわれてもピンとこないかもしれませんが、実はこれこそがイスラム過激派のテロやイスラム諸国を理解するための王道なのです。そして、世界情勢と宗教教義が密接に関わっているということこそが、この問題の本質なのです。

宗教に人を動かし、世界を動かす力などあるはずはない、という思い込みから脱却しない限りは、それについて何をどのように論じても真実から遠ざかるばかりです。本書は、日本人が疑問を抱きがちな点にひきつけてイスラム教の教義を解説し、世界の様々な現象が発生するメカニズムの一端を明らかにする試みでもあります。

イスラム教は、あらゆる種類の苦しみ、絶望、悩み、不安、不満、憎悪を抱く人を惹きつけうるシステムです。戦争、テロ、飢餓、貧困、差別、偏見、嫉妬、格差、失業、左遷、過労、事業不振、非正規雇用、債務、学業不振、受験の失敗、不登校、ひきこもり、障害、病気、事故、介護、孤独、被虐待、いじめ、人間関係のトラブル、暴力、犯罪被害、失恋、不倫、喧嘩、鬱屈、家族との不和、離婚、大切な人との死別等々、どんな問題も引き受け、解決し、何を信じて毎日をどのように生きるべきかを極めて具体的に示してくれます。入信さえすればどんなに暗く疚しい過去も清算され、栄光に満ちた未来と来世が約束されます。しかもそれは昨日、今日誕生した脆弱で瑕疵のあるシステムではなく、１４００年以上にわたって構築されてきた巧緻で完璧なシステムです。それを信じる仲間も世界中にすでに18億人存在し、他を圧倒する勢いで増え続けています。

イスラム教はおそらく、「今」「この世界」が嫌だという人にとって最強のオルタナティヴです。信じることさえできれば、すべての人が救われるのです。

イスラム教は明らかに、私たちとは異なる「あたりまえ」観を有する宗教です。そして一大転換期を迎えた今の世界において、そのイスラム教を信じ、それに突き動かされて行動する人々のうねりが、存在感を増しつつあります。

私は、この変わりゆく世界を生き抜く知恵を授けてくれるのは主体的な学びであると信じています。本書がそれに共感する人々の一助となることを願います。

イスラム教の論理――目次

第1章　イスラム教徒は「イスラム国」を否定できない

２０１７年6月、オーストリアのイスラム教指導者たちがイスラム過激派テロに抗議する「反テロ宣言」に署名し、「イスラム教は平和の宗教であり、イスラム過激派やそのテロ活動はイスラム教の教えとはまったく一致しない」と高らかに宣言しました。ヨーロッパのイスラム教指導者たちがこうした宣言を行うのは、初めてのことです。

この宣言は冒頭で、「人を殺した者、地上で悪を働いたという理由もなく人を殺す者は、全人類を殺したのと同じである」というコーラン第5章32節を引用し、「イスラム国」は「我々の平和的宗教であるイスラム教を自身の政治的目的を達成するために悪用している」、と非難しました。

しかしこの宣言にあるように、本当に「イスラム国」を初めとするイスラム過激派はイスラム教に反しているのでしょうか。

「イスラム国」のイスラム教解釈は「正しい」

「イスラム国」の指導者バグダーディーは、2014年7月カリフとして初めて行ったモスルの大モスクでの説教において次のように述べています。

「神は我々に神の敵と戦うよう、神の道においてジハード（聖戦）をするよう命じられた。それは宗教（イスラム教）を成就させるためである。至高なるお方（神）はこうおっしゃった。『あなたがたには戦いが定められた。だがあなたがたは戦いを嫌う（コーラン第2章216節）』。至高なるお方はこうもおっしゃった。『騒乱がなくなるまで戦え。そして宗教すべてが神のものとなるまで（戦え）（コーラン第8章39節）』」

結論からいうと、この説教内容はイスラム教の教えに反してなどいません。なぜならこの説教が典拠としているのは「神の言葉」とされるコーランであり、コーランの章句に立脚していればそこから導かれる複数の解釈はすべて等しい価値をもつ、というのがイスラム教の教義だからです。どの解釈が最も正しいのか、あるいは間違っているのかを判断、決定する権威者や機関はこの世には存在しません。人間には本当のことはわからず真実は神だけがご存知、というのがイスラム教の大原則であり、解釈が複数存在する場合にどの解釈を採用するかは個人の選択に委ねられています。

つまり共にコーランに依拠してはいても相反する主張をしている「反テロ宣言」とバグダーディーの説教との勝負は、イスラム教の論理では引き分けとなるのです。「反テロ宣言」で引用されているコーラン章句が否定のできない「神の言葉」であるように、バグダーディーの説教で引用されているそれも「神の言葉」なのです。

しかし一方で私たちは「反テロ宣言」には納得し同意できるものの、バグダーディーの説教には納得も同意もできません。なぜなら前者は私たちの常識に近いため理解可能であり、後者はそれとは隔絶しているため理解不可能であるからです。私たちはイスラム教の教義や論理について全く知らないにもかかわらず、私たちの価値観に反しない理解可能なイスラム教だけが「正しい」イスラム教だと決めつける傾向にあります。

コーランに立脚してさえいれば、そこから導かれる解釈がたとえ敵意をあおり戦争をけしかけるような過激なものであっても「正しい」、というのがイスラム教の教義です。そもそもそれが好戦的なものであるかどうかということは、その解釈の正しさを判断する基準にはなりません。なぜならイスラム教においては、倫理的判断も法的判断もその唯一の源は神であって、人間の理性ではないとされているからです。

このことはもちろん、オーストリアのイスラム教指導者たちもよく理解しています。にもかかわらず彼らが「イスラム国」はイスラム教に反していると主張するのは、解釈によってイスラム教はいくらでも過激なものになると認めてしまうと、西洋社会で暮らすことが不可能になるからです。西洋社会の要請する「正しい」イスラム教という型に自らをはめること、もっといえばそう装うことが使命だ、と自認しているからです。ヨーロッパには既に、当局が「不適切」とする教義を広めていると判断したモスクを閉鎖させる国もあります。

彼らの「反テロ宣言」は、西洋にむけた自衛のためのメッセージにすぎません。一般のイスラム教徒も、西側メディアがマイクを向ければ口をそろえて「『イスラム国』はイスラムではない」と訴えます。これに類似する主張は政治の世界やSNS上にもあふれていますが、過激な解釈に傾くイスラム教徒の目にはそれらは西洋への迎合・従属の象徴とうつるだけであり、彼らを穏健派に取り込む効果はまったく期待できません。

イスラム教スンナ派には宗教を司る最高権威者や権威機関は存在せず、宗教的権威は集団としてのイスラム法学者にあるとされています。彼らの仕事は、神の法たるイスラム法を解釈し判断を下すことです。イスラム教には、信者が困った問題を抱えるとイスラム法学者のところに相談に行くという伝統があります。というのも、イスラム法は人間が発するあらゆる言葉、人間のすべての行為についての判断を持ち合わせており、信者はイスラム法に従って生きれば来世で救済されると信じられている一方で、一般信者はそれぞれの場に応じた具体的判断を知り得ないからです。

イスラム教徒は誰しも、神の法に従って生きたいと強く望んでいます。このことはイスラム世界で編纂され続けてきた膨大な『回答集』に、人間生活に関わるありとあらゆる種類の問題と回答が収められていることからも見てとれます。質問者はもし最初に訪れた法学者の回答に納得できなければ、納得がいくまでいくらでも他の法学者に相談しに行っていいことになっています。法学者は持ち込まれた問題について、もし神ならばどのような判断を下すだろうかという近似値を探求します。その際に彼らが繙くのがコーランとハディースであり、またそれらから演繹的に導出された規範を体系化したイスラム法の著作群です。

イスラム法の文脈では、ある法学者の導き出した判断と他の法学者の判断が異なるのは自然なことであり、解釈がひとつに定まらないことを否定的にとらえることはありません。むしろその多様性は、「神の恩恵」として肯定されてきました。しかしこの特徴が、よそ者にとってイスラム教をわかりにくくさせる原因となっている点は否めません。信者と神をつなぐ聖職者がいて、聖職者の中にはっきりとしたヒエラルキーが存在し、教義をひとつに定める権威機関が存在するカトリック教会のあり方を「あるべき宗教のかたち」と措定してしまうと、それらのいずれも存在していないイスラム教は、果たして宗教なのかすらよくわからない存在として宙に浮いてしまいます。

またイスラム法学者は寄せられた質問に対して回答を示す際、最後にきまって「神が最もよくご存知」という一言を添えます。法学者は自分の見解が神のそれと限りなく近いものとなるよう知識の限りを尽くす一方、全知全能の神の見解は所詮人間には知り得ないという謙虚な姿勢を決して忘れません。これはイスラム教の文脈においては、無責任とか思考停止といったマイナス・イメージで捉えられる特徴では決してないのですが、よそ者から見るとこれもまたイスラム教をわかりにくくさせる一因となります。

イスラム法学者の中にはいつの時代にも、社会の安定を重視する穏健派と、啓示の文言に忠実であることを最優先する過激派のグラデーションが存在しており、歴史的にはほぼ常に穏健派が主流派でした。というのも、イスラム法を解釈し判断を下すのは法学者でも、それを執行する権限をもつのは政治権力者であると規定されているからです。法は執行が担保されないと半ば存在意義を失います。イスラム法を適用し続けるには、法学者だけではなく政治権力者の存在が絶対に必要なのです。

権力者不在の騒乱状態は、法学者がもっとも避けなければならない事態のひとつです。ですから法学者は、基本的には権力者の正統性を保証し社会の安定を志向した法運用に努めてきました。権力者の側も、法学者にお墨付きを与えてもらうことにより初めてイスラム教的に正統な権力者として認められるという形式を重んじてきました。両者は共依存の関係にあったのです。

歴史的に騒乱を避け安定を志向する穏健派が主流派だったことは、イスラム教徒が多数をしめる中東や東南アジアに多神教の名残を示す遺跡が今も多く残されていることからもわかります。

イスラム教は唯一の神だけを信仰する宗教です。コーラン第4章48節に「神は他のいかなるものとでも一緒に並べられたら絶対にお赦しにならない。そこまでいかない罪なら、気がむけばお赦しくださる。しかし神に並ぶものを認めることだけは、赦すべからざる大罪」とあるように、イスラム教において多神教は絶対に赦されない大罪中の大罪です。ですからイスラム教に入信する際には、「アッラーの他に神なし、ムハンマドは神の使徒」と宣誓することが要請されます。この文言はイスラム教信仰の基本を示しており、信者が日常的に唱えるものでもあります。イスラム過激派の代表格である「イスラム国」が新たな領土を獲得した際まず着手するのは、遺跡や偶像、教会などの破壊です。なぜならそれらは多神教の象徴であり、預言者ムハンマドがそれらの破壊を命じたからだ、と彼らは主張します。

しかしこのことは、それまでは遺跡が破壊されずに残されてきたことを示してもいます。イスラム教徒たちは別に、遺跡や教会に「世界遺産」としての価値を認めてきたから破壊しなかったわけではありません。あえてそれらを破壊する必要性もないし、教会を破壊してキリスト教徒住民との間で紛争を勃発させることは社会全体にとって不利益であると考えてきたからです。

エジプトには2011年の「アラブの春」といわれる「民主化」革命の後、ムスリム同胞団というイスラム主義組織が政権運営をになった時代が1年間ほどありました。ムスリム同胞団は、民主的な選挙を通してイスラム法による統治の実現を目指す、という西洋とイスラム教の価値観を折衷させたようなイデオロギーを掲げる組織です。表向きは武装闘争を支持しないことによって「イスラム国」のような過激派と差異化を図っていますが、両者の最終目的はイスラム法による統治を全世界に拡大させることですから、まったく同じです。ムスリム同胞団が民主的な選挙を目的達成の手段として選択したのは、彼らが民主主義を奉じているからではありません。これはイスラム法による統治の実現と拡大という至高なる目的達成のために民主主義という小悪を許容する、という策略に基づく選択です。こうした策略は、イスラム教の教義においても許容されています。

「アラブの春」でムバラク大統領の独裁政権が倒れた後、エジプト人が民主的な選挙によって選んだ大統領がムスリム同胞団出身のムハンマド・モルシーでした。しかしモルシー政権は大統領に権限を集中させたり、地方自治体の長や官僚を同胞団員に置き換えたり、それを批判するジャーナリストを逮捕するなどして国民の反発を招き、1年後には大規模な反体制デモに軍が味方したことによって打倒されました。その後同胞団はテロ組織として非合法化され、残党は「イスラム国」入りしたり、様々な地下組織をつくって反体制闘争を行ったりしています。同胞団はエジプトの他、サウジアラビアやUAEなどでテロ組織指定されていますが、欧米諸国では今もその「フロント組織」が活動を継続させています。

同胞団統治下のエジプトは、同胞団批判は許されない一方イスラム過激派は言論の自由を謳歌するという興味深い時代でした。同胞団政権はムバラク政権下で投獄された過激派を一斉釈放したのですが、その中にムルガーン・サーリムというジハード主義者がいました。彼はある人気テレビ番組に出演し、「ピラミッドとスフィンクスをはじめとするエジプトに存在するあらゆる偶像を破壊しなければならない」と述べて、出演者や視聴者を驚愕させました。司会の男性に、「つまりあなたたちはピラミッドとスフィンクスを破壊するつもりですか?」と質問されると、「そうだ、我々は破壊するつもりだ、なぜならそれが義務だからだ」と躊躇なく答えたことで、翌日からピラミッド・エリアの警備が強化されるという事態に発展したほどです。

識者や穏健派法学者は、「エジプトを解放したアムル・ブン・アルアースはエジプトの偶像を破壊しなかったし、そもそも今偶像を崇拝している人なんて誰もいない」とか、「崇拝の対象となっていない偶像を破壊する必要はない」とか、「ピラミッドとスフィンクスは人類の遺産であり、エジプト人全ての所有に属するものでもあるため、破壊は許されない」などといって反論しました。これに対してムルガーンは、将来的に崇拝の対象となりうる偶像も破壊対象であり、カアバ神殿の偶像を破壊した預言者ムハンマドに倣うことはイスラム教徒の義務であって、これを行わないイスラム教徒は神の法を知らないのだ、と強く主張しました。

もし歴史的にムルガーンのような過激派がイスラム社会の多数をしめていたならば、ピラミッドもスフィンクスもとうの昔に破壊されていたでしょうし、ルクソール神殿もカルナック神殿もラムセス二世像も何も残っていなかったはずです。

しかし現実には、それらはまだ残されています。イスラム世界の歴史を繙くと、ムルガーンのようなアジテーターが信者を扇動して教会や偶像を破壊したり、異教徒を襲ったりした例はしばしば確認されますが、それは事件として記録されるべき異常事態だったのであり、そこから推測される平時の状況にこそむしろイスラム法適用の本質を垣間見ることができます。

コーランのテキストや預言者ムハンマドの言行に忠実に従うことより、社会の安定を重視する穏健派法学者と権力者の共依存は、もちろん現在も続いています。ただ問題なのは、近代的主権国家として独立を果たしてからのイスラム諸国の実態が、本来のイスラム教のあり方とあまりにもかけ離れたものになってしまったという点です。

穏健派法学者と国家権力の癒着

例えばイスラム教は信者に対し、神が定めたイスラム法だけに従えと命じています。しかし19世紀半ば以降、イスラム世界では西洋的な近代化と世俗化が急速に進み、各国は主権国家となるためにイスラム法を「法典化」することで国家の成文法を制定しました。「法典化」されたイスラム法は、もはや神の法たるイスラム法ではなく人定法です。

コーラン第5章44節に「神が下されたものに従って統治しない者は不信仰者である」とはっきりと記されているように、人定法に基づいて統治を行う施政者は背教者とされます。しかし明らかにイスラム教の教義に反するこうした状況を、穏健派法学者はあの手この手でイスラム教的に「正しい」と承認してきました。現在こうした穏健派法学者の多くは、権力側にとりこまれ公務員と化しています。そしてイスラム諸国には必ず政府お抱えの学者組織があり、そこがその国の宗教的最高権威だと認定されています。

サウジアラビアでは高位法学者評議会という法学者組織が最高権威とされており、例えば2017年6月にサルマン国王が突如息子を新皇太子に任命した際には、ただちにその決定を歓迎する声明を発表しました。サウジアラビアは世界で最も厳格なイスラム国家のひとつとされていますが、基本的に世襲を旨とするサウジアラビアの王制はイスラム教の教義に反しています。

しかし高位法学者評議会は御用学者の集いですから、それをイスラム教に反していると批判することは決してありません。同評議会は２０１１年に「アラブの春」といわれる民主化運動がアラブ各国で発生した際も、「政権への抗議活動やデモはイスラム教に反する」という見解を出して政権擁護に努めました。騒乱を避け国の安定を保持するために政権を擁護することが彼らの使命であり、そのためにイスラム教を操るのが彼らの職責なのです。

エジプトで最高権威とされているのは、イスラム教育と研究を担うアズハル機構です。現在のアズハル総長であるアフマド・タイイブはしばしば、「イスラム国」もまたイスラムなのだ、と発言していることで知られています。彼は２０１５年のある講演会で、次のように述べました。

「私は皆さんがテロや『イスラム国』とイスラム教の関係について質問したがっていることはわかっています。でも私は『イスラム国』はイスラム教ではない、ということはできません。なぜなら彼らは、我々と同様に神と終末の日を信じているからです。彼らは確かに人を殺したり、磔にしたり、手首を切断したりといった大罪を犯してはいます。ですから彼らのことを悪徳者だと判断することはできます。しかし彼らが神と終末を信じている以上、彼らを安易に不信仰者であると断罪することはできないのです。また彼らは、彼らが考えるところの大罪を犯した者はもはや不信仰者であり殺してもかまわない、と考えています。つまり私が彼らを不信仰者だと断罪すると、彼らと同じ過ちをおかすことになるのです」

エジプト政府によって最高位の法学者と認定されているシャウキー・アッラームも2017年8月に放送されたテレビ対談において、「なぜエジプトの宗教権威はアズハルも宗教局もどこも『イスラム国』を不信仰者だと宣言しないのか」と質問され、次のように答えました。

「それは『イスラム国』の問題ではなく、方法論の問題なのです。誰であれ『アッラーの他に神なし、ムハンマドは神の使徒』と宣誓する者は、その宣誓を否定するまでは、彼が人生でどんなことをしようともイスラム教徒であり続けます」

「私であれあなたであれ、(『イスラム国』に対して)不信仰者だと宣告することはできません」

西洋の政治家や西洋在住のイスラム法学者、一般のイスラム教徒らが「イスラム国」はイスラムではないと連呼する一方、現代の中東を代表するイスラム法学者たちがこのような見解を示すのは、前者が西洋の非イスラム教徒に向けた「キャッチフレーズ」であるのに対し、後者はイスラム教徒に向けた教義論だからです。実際、イスラム教の教義はアフマド・タイイブやシャウキー・アッラームが述べている通りであり、「イスラム国」に対して不信仰宣言はできない、というのが「正解」なのです。イスラム教の「大学者」がイスラム教徒を相手に、さすがに「イスラム国」はイスラムではないなどというハッタリで済ますわけにはいかないと、彼らも考えているのでしょう。

アフマド・タイイブは、「イスラム国」のような過激派と戦うためには過激派にコーランとハディースの悪用を許してきた「伝統的なイスラム教」のありかたを見直さなければならない、と宗教改革の必要性を主張してもいます。イスラム法学者が「伝統的なイスラム教」に問題があることを認める発言をすること自体、非常に画期的で稀なことです。

「伝統的なイスラム教」のどこに問題があるかというと、その枠組みの中にいる限り誰も絶対に過激派を論駁することができない、という点です。世界中のイスラム教指導者は全員、そんなことはわかっているのです。わかっていて大真面目で全員が嘘をつき通そうとしている中、アフマド・タイイブはその嘘では問題の解決ははかれないと主張しているのです。

そうはいっても、彼に何か特別な秘策があるわけではありません。そもそも世界18億人のイスラム教徒の信仰の基底にあるのがこの「伝統的なイスラム教」ですから、下手に手をつけると大火傷をすることになることも彼は十分にわかっています。かといってこのまま「伝統的なイスラム教」の論理に則って穏健派と過激派が議論をしても、永遠に引き分けの状況が続くだけです。

ではどうするかというと、結局は穏健派法学者と政治権力とが結託して過激派をやり込める道をとることになります。たとえイスラム教という大義を掲げていようとも、国の安定を脅かすイデオロギーを唱える輩は根こそぎ逮捕し、武器をとる者は軍事力で制圧します。アズハルが教義上「イスラム国」を否定できなくても、アズハルを擁するエジプトは対「イスラム国」有志連合に参加しています。彼らは「イスラム国」がイスラム教に反しているから倒そうとしているわけではなく、エジプトという国家の安定を脅かす存在だから倒そうとしているのです。

現在の穏健派法学者たちのあり方が本来あるべき姿とは明らかに異なっているという認識は、過激派でもなんでもない一般のイスラム教徒も共有しています。エジプトでアズハルの出す宗教令をありがたがる人は滅多にいません。むしろ政治権力の犬だと小馬鹿にするのが一般的です。国が特定の人物や機関を最高権威と認定する一方で、その権威は有名無実だという現実があるのです。

そもそも国がイスラム教の最高権威を決めること自体、イスラム教的にはおかしなことです。エジプトの活動家イスラム・ベヘリーは2017年4月、「過去5年間に発生したテロ事件の70~80%はアズハルの産物」と述べるなどアズハルを辛辣に批判し、エジプト政府はアズハルに頼らないイスラム改革を行うべきであると提言しています。

「イスラム国」のような過激な解釈も体制派の穏健な解釈も、イスラム教においてはどちらも等しく価値があるという点については了承したとしましょう。では今度は、どちらがイスラム教の教えをより忠実に実践しているかというと、残念ながら「イスラム国」に軍配があがります。

というのも第一に、「イスラム国」はカリフ制をとり神の法たるイスラム法を施行しているからです。イスラム教スンナ派において唯一認められている政体がカリフ制であり、施行が義務づけられているのがイスラム法です。バグダーディーがカリフを名乗ったということは、自分こそが世界中の全イスラム教徒の政治的指導者であると宣言したことを意味します。あのカリフはインチキだ、偽物だとケチをつけることはできますが、カリフというのはそもそも周囲の推挙と承認によって決定され、その正統性はイスラム法の遵守によって支えられます。

そして実際に、バグダーディーをカリフと認め彼に忠誠を誓っている人々が世界中に少なからず存在しており、一定程度イスラム法を施行しているという外観も保たれています。またこのカリフを否定したからといって、別のカリフを推挙し「正しい」カリフ制を再興できるかというと、それもまた不可能なのが現状です。

翻って、体制派法学者が奉仕するイスラム諸国で採用されている共和制や民主主義、世俗法などについて考えると、それらはいずれも西洋に由来する人間の産物であり、基本的に悉くイスラム教に反しています。

イスラムとは服従を意味するアラビア語です。イスラム教徒は、神に服従することこそが正しい道であり、それによってしか来世での救済はありえない、と信じています。

神への服従とは神から預言者として選ばれたムハンマドへの服従であり、彼の死後は彼の後継者であるカリフへの服従であるとされてきました。カリフが神の立法したイスラム法にもとづいて統治を行い執行権を行使する、これがイスラム教において正しいとされる政治のありかたです。この体制を維持するため、カリフへの服従だけではなく、カリフを選任することもイスラム教徒全体にとっての義務とされてきました。

ところが１９２４年に「最後の」カリフが退位し、イスラム教徒は服従すべき正統な指導者を失います。そして１００年近いカリフ不在時代を経て、２０１４年にカリフ制再興宣言を行ったのが「イスラム国」です。

「イスラム国」が復興させたかったのは、イスラム教において最も正しい時代と見なされている預言者ムハンマドとその後継者たちの頃のイスラム共同体です。このことは、「イスラム国」のカリフが名乗るアブーバクル・アルバグダーディーという名前にも表れています。アブーバクルというのは、預言者ムハンマドの親友で彼の死後イスラム共同体の政治的指導者の地位を継承した初代カリフの名前です。

バグダーディーは既出の説教において、「私は自分が最善とは思わないし、あなた方より優れているとも思わない。だがもしあなた方が私を信頼に足ると見なすなら支えてほしい。もし私が誤っていると見なしたならば助言し正してほしい。私が神の教えに従う限り私に従えばよい。もし私が神の教えにそむくなら私に従う必要はない」と述べましたが、この文言はアブーバクルが初代カリフに就任した際の演説として伝えられているものとほぼ同じです。バグダーディーはアブーバクルの名を名乗り、さらにその演説を引用することを通して、預言者ムハンマドの死後危機に瀕したイスラム共同体の分裂を阻止した初代カリフに自らをなぞらえているように見えます。

またこの文言で確認されるように、正統な政治的指導者としてのカリフは謙虚で腰の低い存在です。イスラム教においては、人間は神の前に等しく平等であるとされており、カリフだからといって神に近いわけでも神と人間の仲介役を果たすわけでもなく、他の信者と同様にイスラム法の規定に従わなければなりません。カリフはイスラム共同体をまとめるのが職責ですが、決して信者たちの「上」にいるわけではなく、彼らを支配しているわけでもないのです。歴代のイスラム法学者たちは、イスラム法に反し暴政を行う統治者に対するジハードを合法としてきました。バグダーディーはそれをよく認識した上で、傲慢な暴君像とは程遠い理想的指導者像をアピールしているのでしょう。

イスラム教の論理においてカリフ不在は異常事態ですし、カリフ選任を怠ったまま放置してきた責任はイスラム教徒全体に帰せられるので、彼らにとってカリフ不在という現実は潜在的不安要因であり、少なからぬ罪悪感の源でもありました。ですからカリフ制再興宣言が彼らに与えたインパクトは、私たちのそれとは比較にならないほど大きいものだったといえます。

モスルでの説教において、バグダーディーは次のようにも述べています。

「神が我々を創造した目的を実現させるには、神の法による統治と司法を実施し法定刑を執行しなければならない。そのためには権力者が絶対に必要である。（中略）至高なる神はジハード戦士たる同胞たちに勝利をもたらした。（中略）そして戦士たちは私を彼らの指導者として選んだ。これ（カリフ選任）はイスラム教徒たちの義務であるが、長らくそれを怠ってきた。カリフが地上から消滅して久しい。イスラム教徒たちはカリフを軽んじ、あろうことかカリフを廃してしまった。カリフ制の存続はイスラム教徒の義務なのだ。だがようやくカリフ制が再興された。神に栄誉あれ。そして私がこの偉大なる職責を担うことになった。これは私に対する信頼のたまものである。まさに重責である。私があなたがたを率いることとなったのだ」

この説教が心に全く響かないイスラム教徒がいるとしたら、よほど世俗化しているか、信仰に無関心な人でしょう。そのくらい、この説教内容はイスラム教的に正しいものです。イスラム教についてほんの少しでも勉強すれば、その正しさはすぐにわかるはずです。

「イスラム国」の人気は「過激派組織」だからではない

カリフ制の必要性は「イスラム国」という過激派組織独自のイデオロギーではなく、イスラム教の正統な教義として確立されており、そこに疑念の余地はありません。バグダーディーがカリフとしてふさわしいかどうかはさておき、「カリフ制など不要である」とか、「いまさらカリフ制再興を掲げるなんてバカバカしい」と主張することは、イスラム教の論理においては不可能なのです。カリフは世界中の全イスラム教徒の政治的指導者ですから、この説教で「あなたがた」と呼びかけられているのはイスラム教徒すべてです。これは、あなたが正しいイスラム教徒であるならばバグダーディーをカリフと認め彼に忠誠を誓う必要性、その重要性は当然わかりますね、というメッセージなのです。

ですから「イスラム国」は、私たちの多くが想像するよりはるかに人気があります。こういうと語弊がありますが、「イスラム国」という過激派組織の人気が高いわけではなく、カリフ制、イスラム法による統治といった「イスラム国」の掲げるイデオロギーに賛同する人が世界にはかなりいる、という意味です。

2015年5月にアラビア語の衛星ニュースチャンネル、アルジャジーラが公式ウェブサイト上で実施した「あなたはイラクとシリアにおける『イスラム国』の勝利を支持しますか」というアンケートにおいては、総票数約4万のうち81％が「支持する」と回答しました。アルジャジーラのアラビア語サイトの閲覧者は、その多くがアラブ人スンナ派イスラム教徒であると想定されます。これがあくまでウェブサイト上で実施されたアンケートであるという点を勘案してもなお、驚愕に値する数値です。

より信頼度の高い調査もあります。アメリカのシンクタンク、ピューリサーチセンターが2015年にイスラム教徒が多数をしめる11カ国で調査を行ったところ、ナイジェリア人の14％、マレーシア人の11％、セネガル人の11％、トルコ人の8％、パレスチナ人の6％、インドネシア人の4％が「イスラム国」に好意的と回答しました。この数字は、一見するとそれほど多くはないように思われるかもしれません。しかしたとえばインドネシアの人口は約2億5000万人ですから、そのうちの4%が「イスラム国」を支持しているとすると、約1000万人が「イスラム国」を支持していることになります。このやり方で計算すると、調査対象となった11カ国だけで6000万人以上の人が「イスラム国」を支持していることになります。

ヨーロッパに住むイスラム教徒に対して行われた調査もあります。イギリスの世論調査会社ICMが2014年に英独仏の3カ国で行った調査によると、在仏イスラム教徒のうち18歳から24歳の層では27%、25歳から34歳の層では22%、35歳から44歳の層では20%の人が「イスラム国」を支持すると回答しています。在英イスラム教徒は同じく4%、6%、11%、在独イスラム教徒は3%、4%、3%がそれぞれ「イスラム国」を支持するとしています。

また同じくICMの調査によると、2014年に在英イスラム教徒で「イスラム国」を支持するとした人は7%でしたが、2015年には9%に増加しています。在英イスラム教徒の数は300万人程とされているので、うち27万人は「イスラム国」を支持していることになります。

ヨーロッパでは、「イスラム国」の共鳴者として当局にマークされている人の数も増加傾向にあります。スウェーデンの諜報機関長官によると、同国内の「イスラム国」共鳴者は２０１０年には２００人程度だったのが、２０１７年には２０００人にまで増加しました。同長官はイギリスには2万３０００人、ベルギーには1万８０００人、フランスには1万７０００人の「イスラム国」共鳴者がいる、とも述べています。

「イスラム国」を血に飢えた狂信者からなるテロ組織とか、貧困や差別に苦しむ人を金で釣って寄せ集めた「ならず者集団」などととらえたのでは、世界中にこれほど多く彼らの支持者、共鳴者が存在している実態の説明がつきません。他の多くのテロ組織と比較にならないほど効率的に仲間を集め、攻撃実行につなげていることも理解できません。これらの人々にとっての「イスラム国」は私たちの考えるような過激派組織ではなく、イスラム教の理念の体現者であり、その支配する土地は私たちの考えるような地獄ではないどころか、むしろ理想郷なのです。

実践面において、体制派穏健イスラム法学者が正当化する近代国家よりも「イスラム国」のほうがイスラム教の教義に忠実であると判断する理由は、カリフ制の施行以外にもあります。

イスラム法では全ての信者に信仰告白、礼拝、喜捨、断食、巡礼という5つの行為を義務づけていますが、現在正統なやり方で喜捨を徴収、分配しているイスラム諸国は存在しません。一方「イスラム国」は、コーランで命じられたとおりに喜捨を徴収、分配している映像の公開を通して、神の命令を忠実に実行していると主張しています。

上記5つ以外にもイスラム教徒の義務は数多くあります。その代表的なものが、ジハード（聖戦）とヒジュラ（イスラム法によって統治されている土地への移住）です。イスラム教の最終目標は、全世界をイスラム法の統治下におくことです。これは全イスラム教徒共通の目標であり、過激派であろうと穏健派であろうとめざすところは同じです。ただ穏健派の場合は概ね、異教徒の改宗によってゆるやかにその目標を達成させようと考える点が過激派とは異なります。イスラム教徒と知り合うと非常に高い確率で改宗を促されますが、これは知り合った異教徒をイスラム教という正しい道に導いてあげたいという親切心の表れでもあり、世界をイスラム化するという至上目的達成のための尽力でもあります。

一方、世界をイスラム化するために武器をとって異教徒と戦うことがジハードであり、過激派はこの義務を遂行することを非常に重視します。ジハードは平時には一部のイスラム教徒に対してのみ義務づけられますが、異教徒によってイスラムの地が侵略されたりイスラム教徒が蹂躙されたりしているような場合には、全イスラム教徒にとっての義務となります。「イスラム国」やアルカイダといった過激派は、現在ジハードに立ち上がることは全イスラム教徒にとっての義務であるとして、世界中のイスラム教徒に蜂起を呼びかけています。

また異教の地に暮らすイスラム教徒には、イスラム法によって統治されている地への移住、すなわちヒジュラが義務づけられています。ただし病気や老齢といった事由がある場合には、この義務は免除されます。しかし「イスラム国」の樹立まで、そもそも地球上にはイスラム法によって統治されている土地が存在していませんでした。

現存のイスラム諸国はすべて、人間のつくった世俗法によって統治されています。「イスラム法を唯一の法源としている」とか、「イスラム法が憲法」とかあれこれいってみたところで、イスラム法そのものによる統治ではないというのは暗黙の了解です。イスラム法によって統治されている地がない以上、これまではいくらヒジュラしたくてもその行き先たる「ヒジュラの地」がありませんでした。「イスラム国」樹立宣言はこのカリフもいない、「ヒジュラの地」もないという異常事態の解消宣言でもあったのです。「イスラム国」は２０１１年から始まったシリア内戦の混乱に乗じてジハード戦線を拡大させ、ラッカを拠点に領域支配を確立させました。しかしシリア内戦をジハードと規定したのは「イスラム国」だけではありません。エジプト初のムスリム同胞団出身大統領となったムハンマド・モルシーや、同胞団のイデオローグで長らくアルジャジーラに自分の番組をもっていたユースフ・カラダーウィーも、シリア内戦をジハードと規定しシリアへのヒジュラを奨励しました。モルシー元大統領もカラダーウィーも、日本の中東研究者やメディアが穏健派、中道派だと散々持ち上げてきた人たちです。

国際的に穏健派だと承認されてきた指導者らが堂々とジハードとヒジュラの必要性を唱えているのですから、それに突き動かされて行動に出たイスラム教徒が多くいるのも頷けます。シリアに移住して「イスラム国」入りしたイスラム教徒の中には、こうした説教に触発され、虐殺される無辜な同胞たちを助けたいという純粋な信仰心に燃えた人々が少なからずいたのです。ジハードやヒジュラの呼びかけが決してイスラム過激派特有のものではないことは、このことからも明らかです。

「イスラム国」が奨励しているジハードもヒジュラも「イスラム国」独自のイデオロギーではなく、伝統的に「正しい」と信じられてきたイスラム教の教義です。ジハードとヒジュラのみならず、「イスラム国」の主張していることのほとんどすべてに、そもそもオリジナリティーはありません。没個性的であること自体が、彼らの力の源泉なのです。

「イスラム国」の指導者バグダーディーはイスラム教徒に対し、「コーランをよく読み、理解し、コーランに従って行動しなさい」と呼びかけています。これはイスラム教的に正しすぎるほど正しいテーゼであり、これを否定できるイスラム教徒はひとりもいません。「イスラム国」が掲げる黒旗には、「アッラーの他に神なし、ムハンマドは神の使徒」と記されています。これはイスラム教の信仰告白の文句ですから、こちらもまた異論のあるイスラム教徒などいるはずもありません。これを否定するイスラム教徒は、イスラム教徒失格の烙印をおされます。

「イスラム国」のような過激派と体制派の多数をしめる穏健派は、どちらの主張もイスラム教の論理においては正しい、と既述しました。どちらも正しいのですが、「イスラム国」にはコーランのテキストを字義通りに解釈し実践している、という強みがあります。

イスラム教では、ものごとの善悪、正否の判断基準は神だとされます。従って実際に判断を下すにあたって最強の論拠とされるのは「神の言葉」たるコーランであり、その次に強いのが預言者ムハンマドの言行録だとされています。ですからイスラム教上の議論においてコーランというカードを切ると、大概の場合は勝つか、悪くても引き分けですみます。いちいちコーランに立ち返って考えたり、コーランの文言にあることをそのまま実践したりすることは、イスラム教においては非常に正しいやり方であり、決して時代錯誤ではないのです。

信仰告白、礼拝、喜捨、断食、巡礼、ジハード、ヒジュラといった義務は、すべてコーランで規定されています。しかしほとんどのイスラム教徒は、喜捨とジハード、ヒジュラの義務は怠っています。現代の体制派あるいは穏健派法学者はもちろん、喜捨を世俗国家によって徴収される税金とおきかえたり、ジハードやヒジュラが現代においては不必要である旨を論じたりといったことはやっています。

しかし、コーランで命じられているのだから喜捨もジハードもヒジュラも全部やるという「イスラム国」のあり方のほうが、イスラム教の論理ではより強力で正統なのです。ですからおのずと、それに反論する穏健派の議論は根拠薄弱で説得力に欠けるものとなります。コーランでは人間は地上における「神の代理人」とされており、ゆえに人間は神の意思を地上で代行しなければならない、というのがイスラム教信仰の要です。

私たちは、イスラム教徒が1日5回礼拝をすることを妨げようとはしません。日本でも在日イスラム教徒や観光客の便宜のために、空港や商業施設に礼拝用の部屋を設置するところが増えてきました。しかし私たちは、ジハードの義務を遂行すべく武器をとって異教徒を攻撃する人のことはテロリストだと糾弾します。礼拝もジハードも同じようにコーランで規定された義務なので、イスラム教の理屈においては等しく正しいのですが、私たちは私たちの理屈に基づきジハードだけを非難します。

「ジハードだかなんだか知らないがテロは許さない」といったり、「過激な解釈をするイスラム教徒とは一緒に暮らせない」といったりするのは、私たちの自由です。私たちには私たちの論理があり、その論理に従った持論を唱える権利もその論理で保証されています。しかし「ジハードはイスラム教の教義ではない」といったり、「過激な解釈をするイスラム教徒はそもそもイスラム教徒ではない」といったりすることは、明らかに越権行為です。イスラム教の教義の何たるかを議論すべきはイスラム教徒自身であり、特定のイスラム教徒に「お前はイスラム教徒失格である」などと宣言することはまさに「イスラム国」がやっていることそのものです。

２０１７年６月にロンドン中心部で連続テロ事件（８人死亡）が発生した後、メイ首相はイギリスで頻発するテロの犯人らはネットワークや組織ではなく「イスラム過激派の悪しきイデオロギー」によって互いに結びついているという認識を示した上で、「それは自由、民主主義、人権という我々西洋の価値がイスラム教とは相容れないと主張するイデオロギーであり、イスラム教からも真実からも逸脱したイデオロギーである」と断定しました。メイ首相にとっては、西洋の価値観と矛盾しないイスラム教だけが「正しい」イスラム教であり、西洋の価値観に刃を向ける過激派はイスラム教失格なのです。彼女は西洋の価値観によってイスラム教を推し量っているだけであり、イスラム教自体の価値観に対してはまるでそんなものは存在しないかのように振舞っています。

ですが、イスラム教にはイスラム教の価値観というものがあります。他者がその存在をいくら否定しようと、それは厳然と存在し続けます。イスラム教に西洋の価値観とは相容れない部分があることなど、イスラム教徒にとっては論じる必要のないほど当たり前のことです。

その当たり前のイスラム教のあり方を西洋が受け入れられないのは、それが西洋の普遍主義に矛盾するからです。もちろん西洋は西洋で、自身の価値観を防衛する権利はあります。しかし、西洋という他者に勝手に歪められ規定されたイスラム教もどきに満足できるほど、イスラム教徒たちはお人好しではありません。彼らは世界でも有数の誇り高い人々です。イスラム教徒から見ると、西洋由来の自由、民主主義、人権といった価値は全人類にとってよいものであると信じて疑わない西洋人の態度は、傲慢そのものです。その不遜で傲慢な態度でイスラム教の価値観に蓋をしたところで、彼らの期待するような成果が得られるわけではありません。

よそ者がよそ者の論理で「イスラム過激派はイスラムではない」といい、穏健派がそれに迎合し同調するような発言をすることで、よそ者たる西洋や穏健派が奉仕する世俗権力に反感を抱くイスラム教徒は、その反感をより一層強め、ますます過激な解釈に傾きます。過激派撲滅を目標とするならば、よかれと思って私たちがやっていることは、もしかしたら逆効果かもしれません。

第2章　インターネットで増殖する「正しい」イスラム教徒

イスラム教徒が多数を占める国で日本に最も近いのはインドネシアです。インドネシアは、世界最大のイスラム教徒人口を擁する国でもあります。同国の人口に占めるイスラム教徒の割合は9割ほどですが、イスラム教は国教とはされておらず、カトリック、プロテスタント、ヒンドゥー、仏教、儒教を含む6つの宗教が公認宗教とされています。

このインドネシアで2017年5月、元ジャカルタ州知事がイスラム教を冒瀆した罪で有罪判決をうけるという衝撃的な出来事がありました。元知事は中国系キリスト教徒で、選挙運動中に「コーラン第5章51節を根拠にイスラム教徒以外の人に投票するのは罪だと嘘をついている人もいるが、私に投票するかどうかはあなた方の自由だ」といった趣旨のスピーチをしたのがことの発端です。ある大学講師が「宗教冒瀆？」というタイトルをつけてこのスピーチ映像をFacebookにアップすると、それがインターネット上で大拡散、大問題に発展しました。

同節には、「あなたがた信仰する者よ、ユダヤ人やキリスト教徒を仲間としてはならない。かれらは互いに友である。あなたがたの中の誰でも、かれらを仲間とする者はかれらの同類である」と記されています。イスラム教徒は、コーランは「神の言葉」そのものであり一言一句全てが不変の真実であると信じています。元知事はそれを皮肉るような発言をしたため抗議の声があがり、彼の逮捕や死刑を求める人々のデモは最終的には数十万人規模にふくれあがりました。こうした市民の圧力に屈するかのように警察は彼を逮捕し、裁判では禁錮2年の実刑判決が下されました。

なぜインドネシアのイスラム教徒は「過激化」したのか

イスラム教の教義はそもそも、イスラム教と他の宗教との平等を規定していません。コーラン第3章19節に「本当に神の御目よりすれば真の宗教はイスラム教のみ」と記されているように、イスラム教の教義においてはイスラム教が唯一正しい宗教であり、その他の宗教は誤った宗教、劣った宗教だとされています。他方インドネシアの法律は、イスラム教を含む6つの宗教の平等を規定しています。インドネシアという国においてはこの法律に従うことが国民に課せられたルールであり、イスラム教の教義をもちだすことは本来ならばルール違反です。

ところが同国では2000年代半ば以降、イスラム教の教義に反するものが攻撃や批判の対象となる事件が増加しています。飲酒や売春が行われているバーやディスコが襲撃されたり、キリスト教徒が教会で礼拝することや教会を建設することへの抗議デモが発生したりといったことの他、2012年には米アーティストのレディー・ガガのジャカルタ公演が中止されるという象徴的事件もおこりました。ガガは「わいせつな格好でイスラム教徒の道徳心を踏みにじり悪魔教を広めようとしている危険人物」だとして最初に抗議活動を始めたのはFPI(イスラム擁護戦線)という過激派組織ですが、穏健派を代表するMUI(インドネシア・ウラマー評議会)も彼女の公演はインドネシアの価値観や憲法に反するとして反対の立場を表明しました。元知事をめぐる事件も、こうした流れの延長線上に位置付けられます。

イスラム教の価値観を前面におしだすこうした現象が増加している背景のひとつに、インターネットを通じたイスラム教の「正しい」教義の普及があります。本来イスラム教の教義は民主主義も世俗主義も国民国家体制も認めませんし、イスラム教と他宗教の間の平等も認めませんから、インドネシアの現状はイスラム教に反しています。しかしこれまでは、インドネシア国民として生まれたイスラム教徒の多くが、自分たちの置かれている状況がイスラム教の教義に反しているなどとは考えもしませんでした。

なぜなら、彼らにとってのイスラム教とは親や周囲の人が語り実践するものであり、自らコーランやハディースと対峙して解き明かすようなものではなかったからです。イスラム教徒ではあっても戒律にそれほど頓着しない人ばかりが身近にいれば、自分もそれが当然だと思うのは無理もありません。それに、彼らの身近にいて、モスクで説教をしたりイスラム教について語ったりする穏健派法学者たちは軒並み体制派ですから、「実は西洋由来の民主主義は反イスラムである」とか、「イスラム教は他宗教との平等を認めない」などとは口が裂けてもいいません。彼らは現体制を守り社会を安定させるのに好都合なコーラン章句だけを引用して、「民主主義とイスラム教は両立する」などと人々に伝えてきたため、人々はイスラム教をそういうものだと認識してきたのです。

ところがインターネットの普及により、体制派の穏健派法学者がもっぱらイスラム教解釈を独占する時代は終焉を迎えました。というのもインターネット上ではコーランやハディースのテキストがいくらでも閲覧可能であり、それらを自国語に訳すのも簡単であるため、誰でも手軽に教義を知ることができるようになったからです。これにより、穏健派法学者たちが説き自分たちが「正しい」と信じてきたイスラム教のあり方が実は正しくないのではないか、と疑念を抱く人々が現れました。彼らはSNSやウェブ上のフォーラムなどを通して、イスラム教の教義について学び議論するようになりました。そしてインターネット上でイスラム教に関する情報や議論が増加するのに伴い、それまで穏健派法学者が説いてきたのとは異なる「正しい」教義が広まり始めたのです。

イスラム教徒ひとりひとりにとって非常に重要なのは、「今この瞬間に自分がしなければならないこと」は何かを知ることです。イスラム教の場合、「今この瞬間に自分がしなければならないこと」は自分で主体的に考えて判断するようなものではなく、神が決めることとされています。そして人間がその「神の意図」を知るには、コーランとハディース、そこから演繹された教義を知らなければなりません。イスラム教の歴史において、啓示のテキストから解釈可能な「神の意図」が人間の行為の正否、善悪を決定付けるという教義が確立されたのは10世紀前後のことです。それ以来、イスラム教はもっぱらテキストを拠り所とする思想体系としてあり続けてきました。ゆえにイスラム教とインターネットとの相性は基本的に非常にいいのです。法学者を介さず個人が啓示や法規定に直接アクセスすることを可能にしたという点において、インターネットはイスラム教徒ひとりひとりを本来あるべき姿に立ち戻らせる役割を果たしているともいえます。これはもちろんインドネシアだけではなく、世界中で共通して見られる現象です。

グーグル（Google）が提供するGoogle検索やGoogle翻訳が多言語対応であることも、「正しい」イスラム教の広まりに大きな役割を果たしています。Google翻訳の対応言語は2016年に100カ国語を突破し、オンライン人口の99%をカバーできるようになりました。

例えば「ジハード」と「コーラン」というふたつのキーワードを、何語でもいいのでGoogle検索にかけます。するとコーランのどこにジハードについての章句があるか、それらは過去や現在の学者たちによってどのように解釈されてきたか、といった情報が即座に表示されます。「ジハード」「ハディース」と検索すれば、預言者ムハンマドがジハードについてどのような発言をしてきたか、彼がどのようにジハードを戦ったか、といったことが誰でも一発でわかります。ある言語で検索した場合の情報量に満足できない場合には、別の言語で検索することもできます。アラビア語がわかるならば、コーランやハディースのオリジナルのテキストにたどり着くのも容易です。

こうした情報は、かつてはコーランと数十万から数百万のハディースを暗記したイスラム法学者だけが独占する「高尚な知識」でした。それらを解釈することにより神の意思が何であるかを特定することは、彼らの保持してきたいわば特権でした。しかし一般のイスラム教徒の識字率上昇に加え、規範テキストがデータ化されインターネット上で誰でもアクセスできるようになった今、情報は独占から解き放たれてオープンになり、どんなイスラム教徒も自ら典拠を示しイスラム教について持論を展開する自由を得たのです。

インドネシアに関しては、民主化が進み言論の自由が認められるようになったことで、インターネット上でも実社会でもイスラム教についての議論が当局に咎められることなくさかんに行われるようになったという背景もあります。これまでインドネシアのような東南アジアのイスラム教は中東と比べて穏健だといわれてきましたが、そこには言語の問題も関係しています。もちろん東南アジアに伝播したイスラム教が土着の宗教と混淆しやすい神秘主義的なものであったことや、武力によってではなく商人の布教によりゆっくりと改宗が進んだことも重要ですが、アラビア語を母語としない東南アジアの人々にとってはアラビア語で書かれたコーランやハディースのテキストがかなり遠い存在であった点も見過ごせません。

しかしインターネットは、こうした規範テキストへのアクセスの物理的困難さや言語の障壁ですら、いとも簡単に取り除きました。アラビア語のテキストをウェブサイト上で母国語に訳すこともできますし、英語ができるならかなり広範囲のテキスト、解釈、議論に直接キャッチアップすることも可能です。これによって、イスラム教やアラビア語を専門的に勉強したわけではない一般の人々も簡単に「正しい」教義に触れることができるようになり、「正しい」イスラム教に目覚めつつあるという現状があります。こうした覚醒は、高い英語力を身につけ、かつインターネットと親和性の高い都市部の若者層に特に多く見られます。

多民族多宗教国家であるインドネシアにおいて公共の場でイスラム教の価値観を優先させることは、同国が独立以来掲げてきた「多様性の中の統一」というスローガンに反します。しかしインドネシアのイスラム教徒たちは、インターネットの普及とともにイスラム教の教義が国是と矛盾することに気づき始めてしまいました。一度それに気づいてしまうと、真面目なイスラム教徒であればあるほどその矛盾を是正しようと努めることになります。ジャカルタ市民がコーランを揶揄するような知事は許せないとデモに立ち上がったのも、その実践の一環ととらえることができます。

私たちの目には、元知事がコーランを多少皮肉ったくらいで「死刑にしろ！」と民衆が大合唱するような状況は異常でエキセントリックだとうつりますが、彼らの反応はむしろ「正しい」ものだといえます。というのも、イスラム法ではコーランを冒瀆した者は死刑だとはっきり定められているからです。インドネシアのイスラム教徒は、個々人がコーランやハディースの文言に直接向き合うというイスラム的に「正しい」やり方で「正しい」教義を学んだ結果、敬虔になってきているだけです。

インドネシアで「正しい」イスラム教を追求する動きは、経済にも影響を及ぼしています。たとえばインドネシアで2番目に大きなイスラム教団体であるムハマディヤは2017年7月、政府に対してスターバックスの営業許可を取り消すよう要請、同時に全国民に対しスタバを利用しないよう呼びかける運動を開始しました。理由は、スタバがLGBTを支援しており、これが同性愛を禁じるイスラム教の教義に反しているからだとされています。イスラム教徒がスタバでコーヒーを飲むと、そのお金が同性愛者支援に使われることになるのでボイコットしなければならない、というのが彼らの主張です。

７月６日にこの報道が流れると、インドネシアでスタバを運営するＭＡＰボガ・アディプルカサの株価が急落しました。

ムハマディヤは支持者数約３０００万人という巨大組織で、コーランとハディースに立ち戻ることによってインドネシアのイスラム教を「正しい」かたちに修正することを目指しています。そしてピューリサーチセンターが２０１３年に実施した調査によると、インドネシア人の93％が社会は同性愛を受け入れるべきではないと回答しています。スタバ・ボイコット運動の潜在的賛同者数は限りなく多いと見られ、株価下落もそれを見越した動きだといえます。

インドネシア社会の反同性愛傾向は、当局にも影響を及ぼし始めています。インドネシア警察は２０１７年５月、ジャカルタ市内にあるサウナ施設でワイルド・ワンというパーティーに参加していたゲイの男性ら１４１人を逮捕、10月にも別の施設でオランダ人やタイ人など外国人を含むゲイの男性ら58人を逮捕しました。インドネシアではアチェ州以外では同性愛行為は違法ではありませんが、イスラム法では厳禁です。表向きの逮捕容疑はポルノ規制法と麻薬取締法違反とされていますが、ＬＧＢＴ支援団体等は国内で強まるイスラム教的価値観重視の傾向を反映したものだと批判しています。ヒューマン・ライツ・ウォッチは2016年8月、インドネシアで空前のLGBT攻撃が始まっていると警告するリポートを発表しています。

インドネシアでは武装闘争を称揚する過激派イデオロギーの広まりも見られます。その一端を担ったのは、イギリスで設立されたムハージルーンという過激派組織です。ムハージルーンは現在非合法化されていますが、設立者の一人であるアンジェム・チョードリーは2016年7月に有罪判決を受けるまでの約20年間にわたり、西洋社会の言論の自由を享受するかたちである時は街角で、またある時はテレビや新聞といったメディアやインターネットを介してイスラム過激派思想を広めてきました。

ムハージルーンのイデオロギーは民主主義、自由主義、世俗法など現代世界を基礎づける制度や概念のすべてをイスラム教に反するとし、それらがはびこる世界を修正するためにはイスラム法を施行するカリフ制再興が必要だというものです。そしてそれを実現させるための武装闘争たるジハードへの参加は、全イスラム教徒にとっての義務であると主張します。これはいわゆるイスラム過激派のスタンダードな主張であり、「イスラム国」の主張とも一致します。しかしイギリスで生まれ育ったチョードリーが母語とする英語でそれを公然と語る様子は異様であり、それゆえに注目を集めました。

チョードリーは例えば、イスラム教徒以外は殺害してもよいのだとして9・11テロ事件を賞賛、2011年にシリア内戦が始まるとこれをジハードと規定してシリア行きを奨励しました。2014年に「イスラム国」が設立されるとその正統性を認めて忠誠を誓い、公の場でも支持を表明しました。

彼の宣伝活動は功を奏し、多くのイギリス人が「イスラム国」入りを果たした他、2003年にテルアビブで自爆したイギリス人、2013年ロンドン・ウーリッチ兵士殺害事件の犯人2人、2015年にロンドン市内で英兵を斬首しようとしていたところを逮捕された19歳の青年、2015年ジハーディー・ジョンの死後「イスラム国」の処刑人となったイギリス人などがチョードリーの支持者であったとされています。2017年6月にロンドンで発生し50人以上の死傷者を出したテロの実行者も、チョードリーと密接な関係にあったとされています。

彼が「イスラム国」支援の容疑で逮捕されたのは2014年になってからのことであり、裁判では禁錮5年6ヶ月の実刑判決が下されました。それまで彼はイギリス国営放送BBCに何度も出演しただけではなく、2015年に後藤健二さんと湯川遥菜さんの二人が「イスラム国」に拘束された際にはNHKのインタビューにも応じ、「アメリカの政策によって多くのイスラム教徒が死んでおり、どんなかたちであれアメリカを支持するならば日本の市民やジャーナリストが捕らえられたとしても驚きはしない」「日本の立場は中立とは思えない」などと発言する様子が日本のテレビで放送されました。

インドネシアにこのチョードリーのイデオロギーがもたらされる上で大きな役割を果たしたのがムハンマド・ファハリーです。ファハリーは２００５年、Paltalkというオンライン上のビデオチャットフォーラムでムハージルーンに出会い、英語で行われていた議論に参加しはじめました。ムハージルーンの設立者とネット上で親交を深めその思想に深く共鳴した彼は、メーリングリストを作成しムハージルーンの英語論説をインドネシア語に翻訳して配信しはじめました。

次第に彼は国内の過激派ともネット上でつながり、Yahoo!メッセンジャーやＭＳＮメッセンジャー上に「正しい」イスラム教を学ぶサークルを設立、２０１０年にはチョードリーがイギリスで立ち上げたIslam4UKという組織に触発され、Sharia4Indonesiaという組織を立ち上げました。Sharia4を冠する組織はベルギー、フランス、オランダ、パキスタン、インドなどでも設立されており、それらはみなイスラム法による統治の実現という目標を掲げています。

その後もファハリーは、イスラム法施行やカリフ制再興をめざすウェブサイトやフォーラムを立ち上げた他、ジャカルタ中心部で「イスラム国」を支持する集会を開いたり、共鳴者をシリアでのジハードに送り込んだりもしました。彼は2016年「イスラム国」支援の容疑で逮捕、投獄されますが、それまでの長期にわたりインターネット上や実社会での活動を通してジハードを称揚する過激派思想をインドネシアに広める役割を果たしました。チョードリーと同様に、インドネシアでも民主化が進み言論の自由が保証されるようになったことが、彼の活動を後押ししたといえます。

2016年1月にジャカルタで自爆テロが発生して以降、インドネシアでもテロの脅威は深刻化しています。インドネシア国軍司令官は2017年6月、「イスラム国」の潜伏拠点はインドネシア34州ほぼすべてにあると述べ、翌月には国家警察報道官が約600人をテロリスト予備軍として監視していると発表しました。同年8月には、大統領宮殿爆破を計画していたとして「イスラム国」とつながりのある5人が逮捕される、という事件も発生しています。

インドネシアのイスラム教徒が全体的に「正しい」イスラム教徒になりつつあることと過激派が増加していることは、無関係ではありません。コーランとハディースにもとづく「正しい」教義を学ぶと、過激派の主張もイスラム教的に「正しい」ということがおのずとわかります。過激派はイスラムではないと主張する人は、イスラム教の教義を学んだことがないため知らないでそう主張しているか、教義を熟知した上で戦略的にそう主張しているかのどちらかです。

インドネシア当局は過激思想を取り締まる方向で既に動き始めています。インドネシア警察は2017年5月、元ジャカルタ州知事への抗議デモ主催者としても名を連ねていたFPI指導者ハビブ・リジック・シハブをポルノ規制法違反の容疑者として特定、警察への出頭を命じました。同年7月、新政令によって政府が憲法違反と判断する団体を非合法化することができるようになると、イスラム法施行やカリフ制再興を目標に掲げる解放党に対して解散命令が出されました。スハルト政権崩壊後の民主化以降、政府が大衆団体を非合法化したのは初めてのことです。

一方で既述のように、インドネシア当局はイスラム教を冒瀆したとして元ジャカルタ州知事に有罪判決を下したり、同性愛者の取り締まりを強化したりするなど、イスラム教的価値観を反映させた動きも見せています。過激派を取り締まりつつ、当局がイスラム教徒である民衆に一定程度配慮したかたちで「正しい」イスラム教のあり方をコントロールするというやり方は、基本的に中東イスラム諸国と同じです。インドネシアの国是に抵触しない範囲でイスラム教の教義を優先させ武力を用いてでもイスラム法による統治を実現させるべきだと考えるか、ふたつの両極端の間のどこに落としどころを見出すかは、インドネシアのイスラム教徒たちの選択にかかっています。

ＳＮＳ戦略の徹底と洗練された動画編集術

21世紀にインターネットの恩恵を享受して勢力を拡大させた特筆すべき存在は、やはり「イスラム国」です。「イスラム国」とアルカイダには様々な違いがありますが、そのひとつはビンラディン存命中のアルカイダが自身のメッセージを世界に発信するのにアルジャジーラなど他者を経由せざるをえなかったのに対し、「イスラム国」がＳＮＳや動画サイトを用いて自ら世界中に情報発信するネットワークを構築した点にあります。「イスラム国」が実際に統治する土地は限定されていますが、彼らのメッセージはインターネット上を駆け巡り世界中のメディア端末に届けられます。

9・11事件によってアルカイダが一躍有名となったのは2001年ですが、Facebook 設立は2004年、YouTube 設立は2005年、Twitter がサービスを開始したのは2006年のことです。一方「イスラム国」がカリフ制再興宣言をしたのは2014年であり、彼らはそれ以前からインターネットを通じた広報活動と情報伝達の重要性を認識し、そこに莫大な資金を投下して活動を強化してきました。

なぜなら彼らは第一に、「イスラム国」が真に正しいイスラム教の実践主体であることを世界中のイスラム教徒に知らしめ、それによって支持者、共鳴者を最大限獲得することを目指しているからです。そして第二に、彼らが敵と見なす欧米諸国や中東の支配者らを挑発して泥沼の戦争へと引きずり込み、かつ世界中の一般市民を恐怖に慄かせる効果も狙っているからです。こうした目的を達成する上でのインターネットの有益性にいち早く気づき、その効果的な利用法を確立させたことが、彼らの「成功」の最大の要因のひとつであるといえます。

「イスラム国」の広報部門は細分化されており、それぞれ特性のあるメディアを制作、公開しています。

2017年現在最も数多くのメディアを公開しているのは、アアマークという通信社的な役割を果たす部門です。アアマークは日々、世界中のイスラム国支部があげたひとつひとつの戦果を短い文章にして配信している他、戦場や自爆攻撃の瞬間などを収めた短尺のビデオも公開しています。これらの戦果は毎日バヤーンというインターネットラジオでも公開されます。また1週間分の主な戦果をまとめたものは、『ナバア』というＰＤＦ版の週刊紙で公開されます。

「イスラム国」がまだ「イラクのイスラム国」を名乗っていた頃、２００６年に設立された最初の広報部門がフルカーンです。最も古く由緒ある広報部門と位置付けられているため、これまで「イスラム国」の最重要情報は多くの場合ここ経由で公開されてきました。２０１４年7月のバグダーディーによる説教映像や、２０１５年1月の後藤健二さん、湯川遥菜さん両名の映像などを公開したのも、このフルカーンです。

フルカーンに次いで２０１３年に設立されたのが、イウティサームとアジュナードです。アジュナードはアラビア語でナシードといわれる宗教歌をリリースする部門で、アラビア語の他にも英語、仏語、独語、露語、中国語、ウイグル語、トルコ語など各国語の歌を公開してきました。イスラム教の教義は楽器演奏を禁じますが、歌に関してはその限りではありません。

しかしどんな歌でも許容されるわけではなく、信仰心を高めるような歌詞や、ジハードに向けて自らを鼓舞するような歌詞だけが推奨されます。戦場で戦闘員たちが車座になって歌って戦意を高揚させる目的や、ビデオのBGMとしても使われたりするため、ナシードを作詞作曲したり歌ったりする歌手は「イスラム国」で重用されています。

2014年に設立されたのがハヤートです。ここは欧米のイスラム教徒を主なターゲットとしたメディアを制作する部門で、外国人戦闘員を多く登場させ、凝った演出と編集を施した映像を英語、仏語、独語、露語など各国語で公開しています。ハヤートは『ダービク』という雑誌も発行していましたが、2016年からはそれにかわって『ルミヤ』という雑誌が各国語で発行されるようになりました。なおこのダービクと既出のアアマークは、ふたつともシリア北部に現存する町の名前であるだけでなく、終末の前兆を示すイスラム教徒と異教徒との最終決戦が始まる地としてハディースで言及されています。

「イスラム国」はイラクやシリア、エジプト、ナイジェリア、アフガニスタンなどに存在する複数の州から成り立っており、各々の州にもそれぞれの広報部門が存在します。州ごとの広報部門は、戦果をまとめたビデオの他、領域内でどのように神の法たるイスラム法が施行され、人々がどのような生活を営んでいるかを収めたビデオをしばしば公開しています。

「イスラム国」の発表によると、建国からの３年間にリリースされたメディアは音声メッセージ１６７０本、ビデオ２８８０本、テキスト４５４０本、フォトリポート３２１４０本の合計４万１２３０本です。量の膨大さもさることながら、驚かされるのはそのクオリティーの高さです。

　私は少なくとも、これらのメディアの半数ほどはチェックして記録していますが、彼らの公開する映像は欧米の主要メディアにひけをとらないクオリティーです。このことは、「イスラム国」の広報部門に撮影や演出、映像編集などの高い技術をもったプロがいることを示しています。しかも彼らの映像はいわゆる「アラブ風」ではなく、むしろ「西洋風」であり、アラブ人でもイスラム教徒でもない人の情感にも十分に訴えるような作風に仕上がっています。フォーカスされる人物も、ワイルド系のイケメンや色白の美少年など外見が魅力的である場合が多く、見た人がハリウッド・スターやアイドルに憧れる感覚でジハード戦士に憧れるような効果を期待していることは明白です。これらの作り手たちは、西側諸国で教育を受け、技術を身につけ、映像が人に与える影響についても熟知していることがうかがえます。

こうした映像公開によって意図されているのは、「イスラム法を施行している」ことの証明です。「イスラム国」はカリフのもとでイスラム法を施行し世界征服を目指す主体を標榜していますから、仲間を増やすには確実に「イスラム法を施行している」という証拠を見える形で提示することが肝要だと心得ているのでしょう。そこで、SNSや動画投稿サイトを使った映像の拡散が非常に重要な意味をもってくるのです。

「イスラム法を施行している」証拠とは、具体的には第一にジハードの実行です。敵と対峙して勇ましく戦う姿、あるいは笑顔で車に乗り込み敵の集団に突っ込んで自爆する姿は、彼らがまさにイスラム法に従い、神の道において殉教していることの証です。

第二に法定刑の執行です。イスラム法は窃盗や姦通といった特定の罪に対して特定の刑罰の執行を定めており、その執行はイスラム法施行の象徴とされます。「イスラム国」は罪人に対し、イスラム法に忠実に刑罰を執行する様子を好んで公開します。背教者や不信仰者に対しては斬首刑を執行しますが、その正統性について「イスラム国」は次のように説明しています。

「不信仰者の首を切ることがイスラム法的に合法である点については、イスラム法学者たちの間で合意が成立している。（中略）ユダヤ人やキリスト教徒、アラウィー派、シーア派といった不信仰者たちの首は容赦なく切り落とし、彼らの心に恐怖を植え付けねばならない。斬首は教友たちの慣行である。至高なる神はコーランにおいて不信仰者の首を切るよう命じられた。『あなたがたが不信仰者と出会った時はその首を打ち切れ（コーラン第47章4節）』とあるではないか」

第三に喜捨の徴収と分配の実施です。喜捨はイスラム教の五つの柱とされる義務のひとつであり、これもイスラム法において徴収対象者やその量、配分すべき対象者などが細かく定められています。「イスラム国」はヒツジやヤギといった現物や現金で喜捨を徴収する様子や、貧しい人にそれらを分配する映像もよく公開します。

第四に勧善懲悪の原則にもとづく監督業務の実行です。監督官は街中をパトロールしつつイスラム法に反するものや行いがないかどうかを調査し、それがあった場合には修正します。礼拝の時間に営業している店を閉めさせて店主にモスクに行くよう促したり、あごひげをはやしていない男性にはやすよう忠告したり、タバコや酒、麻薬といった禁止物を没収して燃やしたり、鮮度のおちた肉を販売した精肉店を閉店させるなど、その業務は多岐に及びます。

この他にも、「イスラム国」は「イスラム法を施行している」と証明するための目に見える証拠を映像の形で毎日公開しています。これらの映像は世界の誰も見たことのない映像だけに、非常に斬新でインパクトがあります。誰も見たことがないとはどういう意味かというと、そもそもイスラム法というのは神が制定した人間生活の全範囲を規定する法ですが、映像技術が開発された19世紀以来これまで世界のどこにもイスラム法によって統治された地がなかったために、人間生活の全範囲にわたってイスラム法が適用されている状況が存在しなかったという意味です。１９２４年に最後のカリフが退位してからは、事実上とうの昔に形骸化していたイスラム法の施行が形式上も不可能になる、という異常事態が継続してきました。世界18億人のイスラム教徒の多くがジハードや法定刑、喜捨、勧善懲悪という概念を知ってはいても、それが実際に行われているところを見たことはなかったのです。

たとえばサウジアラビアは、イスラム法を施行し法定刑や喜捨、勧善懲悪を実行していることになっていますが、同国の統治者はイスラム教の正統な指導者たるカリフではなく、しかもイスラム教の敵である異教徒たちと同盟を組んでいます。イスラム教を厳格に解釈する人から見れば、そこで施行されるイスラム法など不正なやりかたで権力を独占する統治者の背教行為をごまかすためのまやかしにすぎず、そこで執行される法定刑は茶番にすぎません。

「イスラム国」はインターネット上での映像公開とその拡散を通して、神に命じられたままにイスラム法による統治を行うことができるのだということを知らしめ、その主体としての正統性を証明しようとしています。彼らは、イスラム教徒はイスラム法にのみ従って生き死ななければならないのだという教義をすっかり忘れ果てている世界中のイスラム教徒たちに覚醒を促し、自分たちの仲間になるよう呼びかけ続けているのです。

「イスラム国」の支配地域こそ「理想郷」である

「イスラム国」は２０１７年、二大拠点であるイラクのモスルとシリアのラッカをともに失い、現在も支配領土の減少傾向が続いています。しかし「イスラム国」は、これは既定路線であり、こうなることは織込み済みであって、そんなことよりも世界各地で仲間が戦線を拡大させていること、共鳴者が呼びかけに呼応するかたちで攻撃を実行していることの方がずっと重要であると主張しています。

勘違いしてはならないのは、「イスラム国」の目標は中東地域に領域国家を建設することではない、という点です。彼らはモスルにもラッカにもそれほど執着していません。もちろんモスルやラッカの陥落は大きな痛手ではありますが、世界征服という大きな目標の前にはそうした敗北はささいなものにすぎないのです。彼らはモスルやラッカをどう防衛するかではなく、世界征服のためにモスルやラッカをどう終わらせるかをむしろ考えていたのです。

モスルに関しては、「イスラム国」の発表によるとモスル攻防戦が行われた9ヶ月間に彼らが殺害した敵の数は1万1700人、実行した自爆攻撃は482回です。有志連合はイラク政府側の死者を1200人〜1500人、負傷者8000人以上と発表していますが、非常に大きな人的損害をイラク軍側に与えたのは確かです。またイラク軍はアメリカなどの有志連合による空爆の援護がなければモスルを奪還できなかったであろうことも、世界中に知れ渡りました。「イスラム国」は単にモスルを失ったのではなく、自分たちの実力を十分に見せつけ、これで「イスラム国」が終わるはずはないと世界中に知らしめることに成功したのです。

2014年のカリフ制再興宣言以降、数万人の外国人がトルコ経由でシリア、イラクに移住し、「イスラム国」に加わりましたが、トルコが出入国を厳しく管理するようになってからは、彼らはシリア、イラク以外にある「イスラムの地」への移住と「今いる場所での攻撃実行」を積極的に推奨するようになりました。有志連合による空爆が強化されモスル奪還作戦が開始されてからは、特にその傾向が強まりました。これらのことからは、彼らが長期的視点に立ってその時々にすべきことを的確に判断し、そのために最適な宣伝活動をしていることがうかがえます。

２０１７年10月にラッカが陥落した際、欧米メディアとそれを受け売りする日本メディアは一斉に、ラッカはイスラム国の「首都」であり、ラッカ陥落によって「イスラム国」は崩壊したと伝えました。しかし「イスラム国」自身がラッカを「首都」だと認定したことはありませんし、ラッカを失っても世界中に存在する支部や支持者、なによりも彼らが掲げる「正しい」イスラム教イデオロギーは健在なままです。ラッカ陥落でもう「イスラム国」問題は終わったと私たちが考え、安心し油断すれば、それこそ彼らの思う壺です。

「イスラム国」はしばしば、ニュースを配信する独自のウェブサイトを立ち上げるものの、たちまち閉鎖に追い込まれるのが常であるため、彼らのインターネットにおける主な活動場所はむしろ他に運営母体をもつＳＮＳや動画投稿サイトとなっています。ビデオやテキストを編集し発行するのは「イスラム国」の広報部門ですが、それをＳＮＳや動画投稿サイト上で拡散させるのは世界中に無数に存在する彼らの支持者たちです。

建国以来「イスラム国」が特に重視してきたのがTwitterです。「イスラム国」は２０１４年、アラビア語のTwitterユーザー向けに「夜明け」というアプリを開発・配布し、アンドロイド携帯のユーザーに広めました。ユーザーがこのアプリをダウンロードしサインアップすると、「イスラム国」のツイートを自動的にリツイートするという仕組みになっており、当時としては非常に効率的で洗練されたツイート拡散術でした。

しかしTwitter社もこの状況を看過してきたわけではありません。２０１６年には「テロを推進するための「Twitter利用」を非難する声明を出し、２０１７年には上半期だけでテロを推進するアカウントを30万近く削除したと発表しました。しかし「イスラム国」支持者は、アカウントや投稿が削除されると、直ちに新しいアカウントを開設したり、連続して同じ投稿をしたりするなどして対抗します。一例をあげると、２０１６年３月に凍結された「イスラム国」支持者のアカウントが２万６０００あったのに対し、「イスラム国」支持者が新たに開設したアカウントは２万１０００にのぼりました。

ただしTwitter社がアノニマスのようなハッカー集団や民間情報会社、クラウドソーシング機関などの協力を仰いで「イスラム国」アカウントへの締め付けを強化した結果、「イスラム国」はより機密性の高いチャットアプリTelegramの利用に主軸を移しました。

Telegramは利用者がアカウントを公開することなく利用することができ、すべてのチャットが暗号化されるのが特徴です。Telegramには「イスラム国」を支持するグループが無数に存在し、「イスラム国」中枢部の出す声明文やビデオなどが瞬時にアップされ、グループ管理者が匿名のまま不特定多数の参加者にそれらを発信することができます。こうしたグループも管理会社により定期的に削除されますが、削除される前に別のグループを作成し、グループのメンバーをあらかじめ新しいグループへと誘導するのが常です。

「イスラム国」入りした外国人戦闘員の中には、Telegramがそのきっかけとなったと明言する人が少なくありません。また2016年12月にベルリンのクリスマスマーケットで発生したテロ事件（12人死亡）の実行者が勧誘をうけたのも、2017年1月にイスタンブールのナイトクラブで発生したテロ事件（39人死亡）の犯人が「イスラム国」

中枢部から指示をうけたのも、Telegram経由であったと明らかにされています。Telegramを使用すると、2つの端末間で行われるシークレットチャットは暗号化され第三者が開封することはできず、設定によってはテキストやファイルを一定時間後に自動消去することもできます。

インドネシア当局は2017年7月、過去2年間のテロで過激派によるTelegram使用事例が17件あるとして同アプリへのアクセスを遮断しました。インドネシア当局はTelegramに情報開示と捜査協力を要請したものの、肯定的な返答は得られなかったとしています。

「イスラム国」によるメディア戦略の成功は、他のイスラム過激派組織にも多大な影響を与えています。「イスラム国」のように高いクオリティーのメディアを「イスラム国」と同程度に効率的に拡散させている組織はまだないものの、映像や写真、声明文、PDF版雑誌などを制作し、それに自分たちのロゴをつけてSNS経由で公開しはじめた組織は数多くあります。

アルカイダは現在の指導者ザワーヒリーのビデオメッセージや音声メッセージをウェブ上でしばしば公開しています。また世界中のアルカイダ傘下の武装組織が、戦闘の様子やイスラム法による統治を実践している様子を収めたビデオを公開しています。ソマリアのシャバーブはソマリア軍との戦闘の他、プントランドや隣国ケニアにまで攻め入る様子をしばしば映像で公開している他、地元住民とともに大規模な集団礼拝を行う様子や、喜捨を徴収して貧しい人に分配する様子なども公開しています。アラビア半島のアルカイダは、２０１０年から英語の機関紙『インスパイア』を発行している他、訓練や攻撃の映像を公開したり、新しいナシードをさかんにリリースしたりもしています。

アルカイダ系以外でも、例えば過激派組織の老舗ハマスのカッサーム旅団は、子どものためのジハード訓練キャンプ映像の他、自爆、ナイフ攻撃、銃撃、爆弾、車による突進などによってイスラエルを攻撃しようと呼びかけるビデオなども公開しています。

シリア内戦を戦う武装勢力の中にも、ジハードによってイスラム法による統治をめざすイスラム過激派は多く存在しており、それらも軒並みメディア戦略を強化しています。最も有力な組織のひとつであるＨＴＳ（シリア解放機構）はアルカイダ傘下にいたヌスラ戦線と地元組織との連合部隊ですが、ビデオの編集方法や声明文の形式などにおいて「イスラム国」を忠実に真似ていることが見てとれます。

ＨＴＳはTelegramでの活動も開始しており、「イスラム国」とほぼ同じやり方で情報を拡散させています。別のイスラム過激派組織アハラールッシャームも「メディアの発展と重要性について」という会議の様子を公開するなど、今後メディア戦略を強化していく方針を表明しています。トルキスタン・イスラム党はシリアでジハードをする仲間の映像を公開し、ウイグル人たちに中国政府に対するジハードを行うよう促しています。

「イスラム国」にせよ他のイスラム過激派組織にせよ、彼らのプロパガンダに共通しているのは、「自分たちこそが最も正統なイスラム教の護持者、実践者である」という主張です。特に「イスラム国」の場合は、自分たちの支配地域でイスラム法が施行されていることを示すことによって初めて、支持者たちに移住を促すことができるという点を自覚しているように見えます。だからこそ彼らは、イスラム法の施行によって人々には幸福がもたらされるという点も積極的に宣伝しています。

例えばあるフランス人戦闘員は「世俗法の施行されているフランスでは正しくイスラム教を実践することができなかった、ラッカに移住して初めて正しいイスラム教徒になれたと感じた」と語っています。またあるボスニア人戦闘員は、「ボスニアでは妻がスカーフで顔や髪を覆う権利が脅かされるし、誤ったイデオロギーが横行しているために子どもを正しいイスラム教徒に育てる環境もない」と、家族で「イスラム国」に移住するメリットを語っています。またあるオーストラリア人医師は、「無辜の同胞が有志連合の空爆で惨殺されているのをなにもせずに見ていることなんてできない、医師として彼らを助けるのが私のジハードだ」と移住の動機を語っています。

こうした移住者らがカメラの前で見せるのは、イスラム法によって統治された地に生きることの幸福にみちた笑顔です。彼らにとって「イスラム国」は、恐怖政治が敷かれ有志連合の銃弾が雨霰のごとく降り注がれる「地獄」ではなく、心の底から微笑むことのできる「理想郷」なのです。

「イスラム国」は領域内における社会福祉や生活の充実についてもアピールしています。貧しい人には喜捨として徴収した現金や現物が分配され、職のない人には仕事が斡旋されます。子どもには予防接種が実施され、初等教育は男女ともに無料で受けることができます。農業や畜産業を営む人々の生活は大切に守られ、市場には新鮮な農畜産物が並びます。戦闘員には肉がふんだんに入った食事が提供され、戦闘で殉教した場合には家族に年金が支払われます。もちろんこれらは「イスラム国」の全支配領域で常に見られる光景ではないのでしょうが、こうした状況を映像で伝える効果は絶大です。

イラク軍によるモスル解放後、モスルの大モスクの説教師だったヒラーリー師はインタビューで、モスル市民はイスラム国による統治を当初は大歓迎し、バグダーディーがカリフとして大モスクに現れた際には彼の周りに大勢の人が集まってこぞって彼を祝福しキスをしたと語っています。スンナ派イスラム教を掲げてスンナ派住民を守り、シーア派勢力を駆逐してくれる武装勢力は、スンナ派イスラム教徒から見ると何はともあれ「正義の味方」です。さらにイスラム法によって統治を行うとなれば、文句のつけようもありません。

イラクやシリアにおける「イスラム国」台頭の背景にそうした事情があることを見過ごすと、いくらモスルやラッカから「イスラム国」を駆逐したとしても、同じイデオロギーを掲げる別の新組織が台頭するのは時間の問題です。実際「イスラム国」と同じイデオロギーを掲げ世界のイスラム化を目指す過激派組織は、世界中にいくらでもいます。神の命令に従い、「人間中心」の世界にかわって「神中心」の世界を構築すべく武器をとって全世界を敵にまわす勢力は、「イスラム国」だけではないのです。

第3章　世界征服はイスラム教徒全員の義務である

２０１７年7月、第二次世界大戦後最も激しい市街戦とも評されるモスル奪還作戦が完了し、「イスラム国」は世界最大の拠点としてきたイラク第二の都市モスルを完全に失いました。続く10月には、シリアの最大拠点ラッカも有志連合やクルド軍などの合同作戦によって奪還されました。

米シンクタンクであるランド研究所の分析によると、「イスラム国」が世界中で支配下においた領土は２０１４年末に最大に達し、その当時は約10万平方キロメートルの土地と１１００万人の住民を実効支配していました。10万平方キロメートルというのは北海道の面積より少し大きいくらいで、韓国やポルトガルの領土とほぼ同じです。

しかし「イスラム国」はイラクとシリアで敗戦を重ねた結果、２０１７年初頭には領土の57%、支配住民の73%を失いました。イラクとシリアに関しては、２０１７年初頭の段階で4万5000平方キロメートルの領土と250万人ほどの住民を支配しており、2014年と比較すると実効支配下におく領土は57%、住民は56%減少しています。エジプト、リビア、アフガニスタン、ナイジェリアで「イスラム国」が支配している土地は2017年初頭段階で7300平方キロメートル、支配住民数は50万人ほどであり、ピーク時と比べると領土は65%減少し、支配住民数はナイジェリアで75%、アフガニスタンで87%減少、リビアではほぼ全ての領土を失いました。

モスルとラッカの陥落という事実に加えてこうした数字を見ると、「イスラム国」は退潮の一途であり殲滅も近いように思われます。しかし実際は手放しで喜べるような状況にはありません。

国連が2017年8月に公開した報告書によると、「イスラム国」は領土と収入源を大幅に失ってはいるものの、世界中の支持者に資金提供しテロ攻撃を計画・実行させる力をいまだに持っているとされています。イギリスの情報局保安部（MI5）前長官ジョナサン・エヴァンスも同年、「イギリスは今後30年間イスラム過激派テロの脅威に直面するだろう」と警告しているほか、アメリカの国家テロ対策センター長ニック・ラスムセンも、「イスラム国」のイラク、シリアでの敗北と、彼らが世界中でテロを実行する能力の間には直接的な関係はない、と断言しています。

また同年8月にピューリサーチセンターが発表したリポートによると、38カ国で実施された「自国の治安にとっての脅威は何か」という質問に対し、全体の62％の人が「イスラム国」をあげ、国別では18カ国で「イスラム国」をあげた人が最も多くなっています。それらの国のうち、ヨーロッパではフランスとスペインの88％、ギリシアの79％、ドイツの77％、イギリスの70％、アジアでもインドネシアの74％、フィリピンの70％、インドの66％の人が、「イスラム国」を脅威だと回答しています。

これらのことからは、治安当局も「イスラム国」テロを体験した当事者である国の人々も、「イスラム国」の領土が減少したからといってその脅威が減少したとはまったく考えていないことがわかります。こうした懸念を裏付けているのがメリーランド大学の2017年8月の報告書です。それによると、2016年に「イスラム国」が実行した攻撃は1400回以上、殺した人数は7000人以上にのぼり、2015年と比較すると約20％以上増加しています。

コーランを字義通り解釈すれば、日本人も「殺すべき敵」である

「イスラム国」の脅威がなくならない理由としては第一に、「イスラム国」勢力がこれまでよりもわかりにくいかたちで拡散し始めていることがあげられます。「イスラム国」はシリア、イラク国外に8つの州の設立を宣言していますが、州の設立宣言には至っていないものの「イスラム国」の存在感が着実に増してきている地域は世界中に10カ所以上あります。

そのひとつがフィリピンです。2017年5月に「イスラム国東アジア」の一派がミンダナオ島のマラウィを占拠し、フィリピン当局は直後から奪還作戦を開始しました。フィリピン軍は予想外に苦戦し、5ヶ月後の同年10月にドゥテルテ大統領がようやく解放宣言を出すに至りました。2016年に新たに「イスラム国」入りを誓ったグループは主なものだけでもフィリピンの他にバングラデシュ、イエメン、リビア、アフガニスタン、パキスタンに見られますが、既出のメリーランド大学の報告書によると、それらの組織はいずれも「イスラム国」入り以前と比較してより多くの攻撃を実行し、より多

くの人を殺害しています。

エジプトも「イスラム国」勢力が拡大している地域のひとつです。同国内シナイ半島にはすでに「イスラム国シナイ州」という州が設立され法定刑の実施なども行われていますが、本土にある「イスラム国エジプト」の活動も活発化しています。２０１６年末からはカイロ、タンター、アレクサンドリアのコプト教会３カ所で連続して自爆テロを実行、１００人近い死者を出して世界に衝撃を与えました。２０１７年「イスラム国エジプト」の総督は「イスラム国」機関紙に掲載されたインタビューにおいて、戦闘員の数が増加し力もつけてきている、神のおかげで作戦は成功し目標を達成できているなどと成果を強調しつつも、「エジプトでは神の唯一性のリアリティが全く感じられない」と嘆いています。そして目標はエジプト本土を制圧して「シナイ州」と手を結び、エルサレムにまで侵攻することだとしています。

エジプトの隣国リビアでは２０１６年、米軍の援護をうけた地元勢力が「イスラム国」の同国における最大拠点シルトを奪還し、「イスラム国」を壊滅させたと宣言しました。しかし２０１７年５月イギリス・マンチェスターで開催されていたアリアナ・グランデのコンサートで自爆した男がリビアで「イスラム国」と関係を深めたことが判明し、彼の家族がリビアで逮捕されたことに見られるよう、「イスラム国」の影響力は失われていません。それに加え、同年8月には「イスラム国」が中部ジュフラに新たな拠点を築いたと発表しました。リビアには全土を統治する統一政府が不在で、南部に広がるサハラ砂漠には広大な権力の空白地帯が存在しており、イラクやシリアから逃走してきた「イスラム国」戦闘員らがこうした地域に潜伏し、個別に活動を展開しているともいわれています。

「イスラム国東アジア」も「イスラム国エジプト」もリビアのジュフラも、かなりの数の戦闘員を擁し大規模なテロを成功させています。しかも彼らの実態は当局も摑めないほど不明で、それゆえに不気味さはひとしおです。EU当局は２０１７年10月、リビアを中心とする北アフリカがモスル、ラッカを失った「イスラム国」の次の最大拠点になる可能性を指摘、地理的にも近いEU諸国すべてがその動きを注視し、警戒する必要性に言及しています。

第二に、「イスラム国」がテロを実行する範囲が確実に拡大していることがあげられます。彼らは常に「敵の本土の中心部を狙う」と宣言しており、その宣言通りイギリスのロンドンやマンチェスター、フランスのパリやマルセイユ、ドイツのベルリン、ベルギーのブリュッセル、スペインのバルセロナ、フィンランドのトゥルクなどヨーロッパ諸国の主要都市で繰り返しテロを実行しています。２０１７年８月の英紙デイリーメールの報道によると、過去2年間にヨーロッパで発生したテロ攻撃は主要なものだけで17件あり、死者数は３６４人にのぼっています。

中東に関してはシリアのダマスカス、イラクのバグダードはいうまでもなく、トルコのイスタンブール、エジプトのカイロ、チュニジアのチュニスといった観光で有名な諸都市でも大規模テロを実行しています。特に２０１７年６月にイランのテヘランでテロを実行したことは、「イスラム国」のテロ拡散を象徴する出来事だといえます。１９７９年のイラン・イスラム革命による建国以来、イランではイスラム過激派によるテロはほとんど発生してきませんでした。それだけに首都テヘランの、しかも建国の祖たるホメイニー師の廟と国会議事堂が同時に襲撃されるという事件は大きな意味を持ちます。東南アジアでもインドネシアのジャカルタ、マレーシアのクアラルンプールなどで「イスラム国」によるテロが発生しています。

第三に、まだテロは発生していないものの、当局が「イスラム国」戦闘員を拘束したりアジトを摘発したりしている国が増加していることがあげられます。西洋人に人気のある北アフリカ随一の観光立国モロッコも、ここ数年は大規模テロの発生を全て未然に防いではいるものの、テトワンといった比較的小さな田舎都市から、迷宮都市として世界遺産指定されているフェズのような世界的観光都市にいたるまで、全国各地で「イスラム国」のアジトが摘発されています。モロッコ人は2017年8月のスペイン・バルセロナでのテロ、フィンランド・トゥルクでのテロの実行犯でもあり、こうしたヨーロッパでテロを実行する人々がモロッコ本国で「イスラム国」とつながりを持った可能性もしばしば指摘されています。

東南アジアでも、たとえばシンガポールに関しては2016年にインドネシアでシンガポール襲撃を計画していた「イスラム国」戦闘員らが逮捕されるなど危険度は高まっており、8月にはリー・シェンロン首相が「テロの脅威は確かに存在する」と明言しました。2017年6月にはシンガポール内務省がテロ攻撃の脅威は「近年で最大レベルにある」とする報告書を発表、同月には初めて「イスラム国」に傾倒しイスラム過激派の思想をもっているとして女が逮捕されました。9月には、「イスラム国」のシンガポール出身とされる戦闘員が、「ジハードに参加すれば勝利か殉教かを必ず手に入れることができる」「東アジア、シリア、ホラサーン、イエメン、リビアなどどこでもいいから移住してジハードをしよう」と呼びかける動画が公開されました。シンガポール内務省は実行を未然に防いだテロ計画が複数あったことも認めており、カジノリゾート「マリーナベイ・サンズ」やシンガポール証券取引所、シンガポール港湾部などに対する攻撃計画があったと伝えられています。後出のインド亜大陸のアルカイダも、機関紙においてシンガポールを標的として名指ししています。

さらに東アジアに関しても、インドネシアにある紛争政策分析研究所 The Institute for Policy Analysis of Conflict が２０１７年７月、香港で家事労働をしているインドネシア人女性50人ほどが「イスラム国」の影響下にあるとするリポートを発表しました。これらの女性の中には、インターネット上で戦闘員と知り合ったことがきっかけで「イスラム国」入りした人や、精神的支柱を求めて自ら「イスラム国」入りした人もいるとされています。

ヨーロッパで拘束された「イスラム国」戦闘員や未然に防がれた「イスラム国」テロの数はすでに相当数にのぼっており、アメリカでも２０１７年10月にニューヨークでテロを計画していたとして「イスラム国」戦闘員３人が刑事訴追されるなど、欧米各地にテロ実行を虎視眈々と狙う人が存在しているのも確実です。

「イスラム国」は２０１６年６月時点で自分たちの秘密部隊が潜伏している国としてサウジアラビア、トルコ、アルジェリア、フランス、チュニジア、レバノン、バングラデシュの７カ国をあげていますが、モロッコやシンガポール、香港、アメリカ等の例が示唆するのは、そうした国の数も増加しているであろうということです。

このように「イスラム国」は「目に見えるかたち」で支配領域を減少させている一方、「目に見えないかたち」で勢力を拡大させてきています。そしてその脅威は、日本にも徐々に近づいてきています。

「イスラム国」の脅威が中東やアフリカに固有のものではないことを日本人が実感したのはおそらく、２０１６年７月にバングラデシュのダッカで日本人７人を含む22人が殺害されるテロ事件が発生した時でしょう。

日本の外務省のホームページにバングラデシュと日本の二国間関係について「経済協力関係を中心に友好関係が発展。極めて親日的な国民性」（２０１７年現在）と記されているように、バングラデシュは親日国であるというイメージをもっている人も多いかもしれません。しかし、バングラデシュが親日国であることと同国で発生したテロで多くの日本人が殺害されたこととの間には、何の因果関係もありません。なぜ親日的なはずなのに日本人が殺されたのだろうかと疑問を呈することも、問題の趣旨を取り違えています。バングラデシュのテロで日本人が犠牲になったのは、テロリストがイスラム過激派思想を奉じる「イスラム国」戦闘員であり、その思想においては「日本人＝殺すべき敵」と規定されているからです。

私はイスラム教の研究者で、イスラム教について大学で教えたり、メディアで解説したり、ものを書いたりするのが仕事ですが、それらを続ける中ではっきりとわかったことがひとつあります。それは、日本人のイスラム教に対するアレルギーは非常に強い、ということです。日本人の中にはイスラム教について単に知らないとか関心がないというよりは、それについては知りたくない、積極的に遠ざけたいという反応を示す人が少なくありません。

その理由のひとつは、イスラム教が日本人の考える宗教の枠組みの外にあるように感じるからかもしれません。日本人は概ね、宗教というのは個人の心の内面に関与し世界の平和に貢献するものだと考える傾向にあります。しかしもし、宗教というのは個人の心の内面「だけ」に関与し世界の平和「だけ」に貢献するものだと規定してしまうと、個人の行動に関与し世界を戦いへと駆り立てるような宗教は「宗教ではない」ことになります。

イスラム教はまさしく信者の行動を規定し、イスラム教による世界征服を目的とする宗教ですから、日本人的感覚で見ると「そんなものは宗教とはいえない」「そんな宗教は不要である」、といったリアクションが直ちにひきおこされます。日本の中東イスラム研究者や日本人イスラム教徒らが「イスラム教は平和の宗教」と連呼する理由のひとつは、そう宣伝しないと日本人にはイスラム教が理解できないし、受け入れられないと考えているからです。しかしいくら日本人感覚にあわせてイスラム教をわかりやすいかたちに「改竄」しようとしても、イスラム教の真理は変わりません。

イスラム教は日本人にとってわかりにくい世界観と論理体系を有する宗教です。「心の安定と世界平和に寄与するのが宗教だから、イスラム教もそうであるはず」とこちらの願望をイスラム教に投影して理解したような気になるのはこちらの勝手ですが、イスラム教はそれとは全く異なるものとして厳然と存在します。イスラム教も当然、「心の安定と世界平和」に寄与する宗教であると主張しますが、それは神を信じ神に完全に服従することによって得られる心の安定であり、イスラム教が世界を征服することによってもたらされる平和であって、私たちの考える「心の安定と世界平和」とは別物なのです。

たとえばイスラム教は信者に豚肉を食べることを禁じますが、それは神がコーランで豚肉を食べることを禁じているからです。神に禁じられているから食べてはならないのであり、豚が不潔だからでも病原菌がついているからでもありません。ところが日本人は、「豚は不潔でかつては豚肉に多く病原菌が見られ感染症の原因となったから豚肉食が禁じられた」というと納得する一方で、「理由なんか関係ない。神が禁じたから禁止なだけだ」といっても多くの場合納得しません。しかし後者がイスラム教の論理なのです。自分が納得できないからといって相手の論理を捻じ曲げるというのは、コミュニケーションのあり方として決して賞賛されるようなものではありません。

私は一人の日本人として社会生活を営む中で、中東やイスラム教といったものが一般の日本人にいかに無関係なものかということはよく理解しているつもりです。ですから多くの中東イスラム研究者のように、「グローバル社会においては日本人もイスラム教について理解しなければならない」云々と説くつもりはまったくありません。

しかし、このバングラデシュのテロ事件を通して、日本人も自分の命を守るためにはイスラム過激派イデオロギーの基本を知っておく必要があるかもしれない、と考えるようになりました。というのも同事件についての報道のなかに、拘束された日本人が英語で「私は日本人だ、撃たないでくれ」と懇願したにもかかわらず殺害された、というものがあったからです。「地震の際は頭を守らなければならない」という知識と同じように、「イスラム過激派は日本人を殺害対象として規定している」という知識は持っておいたほうがいいように思うのです。自分が何ひとつ悪いことをしていなくても、嫌われたり、憎まれたり、殺されたりすることはあるのです。

バングラデシュに限らず、イスラム教徒が多数を占める国のなかには親日国が多く、そうとはいえないまでも少なくとも積極的に反日だという国はありません。そしてそこにはふたつの現実があります。ひとつは、イスラム教徒が多数を占める国で数多くの異教徒が普通に生活している、という現実です。そしてもうひとつは、イスラム教徒が「神の言葉」としてその真正性を決して疑わないコーランに「あなたがたが不信仰者と出会った時はその首を打ち切れ（第47章4節）」と記されている、という現実です。

私はイスラム諸国のなかではモロッコとエジプトに住んだことがあり、滞在したことのある国も数々ありますが、そこで自分が異教徒だからという理由のみで命の危険を感じたことは一度もありません。一方で私はイスラム教研究者なので、なぜ現代のイスラム教徒はコーランで明示された神の命令の一部だけを実行し、別の一部は実行しないのだろうか、と考えることはよくあります。バングラデシュの事態は、異教徒が多く暮らすイスラム社会に、これまでは実行されてこなかったコーランの命令を実行する一派が出現したために発生したのです。私たち日本人の多くはコーランで殺せと命じられている不信仰者なので、コーランの一言一句を字義通りに解釈し実行する人々にとっては私たちを殺すことが正義なのです。

バングラデシュもモロッコもエジプトも、国民の多数を占めるのはイスラム教徒であるものの、民主主義を掲げる近代国家です。そこでは世俗法が施行され、殺人は当然罪として罰せられます。しかし本来のイスラム教の教義では、イスラム教徒は神の法たるイスラム法だけに従わなければならないと規定されています。コーラン第12章40節には、「裁定は神にのみ属し、あなたがたはかれ以外の何ものにも仕えてはならないと（神は）命じている」と記されています。イスラム教徒はいつどこにいても、どのような状態にあろうとも、イスラム法の定めにのみ従い、イスラム法にのみ裁定を求めるよう神に命じられているのです。しかしこのコーラン第12章40節には続けて次のように記されています。「これこそ正しい教えである。だが人々の多くは知らない」。この「だが人々の多くは知らない」は「イスラム国」の常套句でもあり、声明や機関紙で頻繁に用いられています。イスラム教徒はイスラム法にのみ従わねばならないということを知らない多くの人々に、それを知らしめるのも彼らのプロパガンダの一環です。

自国でジハードできる「よい時代」がやってきた

「イスラム国」勢力は日本の国土にも徐々に迫ってきています。

既出のバングラデシュでのテロのあと、「イスラム国」はその成功を祝福するビデオを公開したのですが、そのなかでシリアにいるバングラデシュ人戦闘員が次のようにいっています。「兄弟たちよ、我々はこれまでホラサーンやシリア、イラクでジハードを実行したいと願ってきた。ところが今や、ジハードは我々の地元バングラデシュにまで到達した。『イスラム国』の傘下で神の法による統治を目指し、我々と一緒にジハードを戦おう。神が我々を勝利に導き、神のもとへと迎え入れてくださいますように」。彼らにとっては、バングラデシュ人がわざわざシリアやイラクに渡らなくても自国にいながらにしてジハードを実行できるよい時代がやってきた、というわけです。

別のバングラデシュ人戦闘員は、同テロについて次のように説明しています。「この世はすべて神の法によって統治されねばならない。バングラデシュの現政府は不信仰政府なので、これとの戦いは我々全イスラム教徒にとっての義務である。カリフ国の戦士たちがダッカのあのレストランで作戦を実行したのも、それが理由だ」。

２０１６年にバングラデシュまで達したジハード戦線は、２０１７年にはフィリピンにまで到達しました。「イスラム国」の旗を掲げる武装勢力が領土支配をめざして国軍と戦闘を繰り広げるのは、今や中東やアフリカだけではなく、東南アジアでも見られる光景です。２０１７年8月の国連の報告書でも、テロ組織の脅威が増幅している地域として東南アジアが挙げられています。

フィリピンのミンダナオ島にあるマラウィを「イスラム国」一派が襲撃したのは、２０１７年5月のことです。ミンダナオ島は、日本人にも人気のあるリゾート地セブ島のすぐ南に位置します。黒旗を掲げた武装勢力が市街地に突入、チェックポイントを作って従わない住民を拘束・虐殺したり、キリスト教会を破壊したりしました。フィリピンは人口の90％ほどがキリスト教徒で、イスラム教徒は５％程度です。しかし歴史をふりかえると、フィリピンにはキリスト教の伝来以前にイスラム教の伝来があり、16世紀にフィリピンを占領したスペインがキリスト教を布教した際、南部に暮らしていたイスラム教徒が改宗に応じず武装闘争を展開したという経緯があります。

イスラム教徒による分離独立を目指す武装闘争はこれまでも続けられてきましたが、今回は住民に占めるイスラム教徒の割合が2割強と高いミンダナオ島の武装組織が「イスラム国」に忠誠を誓い、マラウィを占拠しました。分離独立のための武装闘争と「イスラム国」入りしそのイデオロギーのもとに行う武装闘争は、やっていることは同じでもその意味するところは全く異なります。前者が目指すのはあくまでフィリピンという国家からの独立ですが、後者が目指すのは世界のイスラム化です。「イスラム国」は、かつてフィリピンからの独立を目指して戦っていたものの政府と和平協定を結んだモロ民族解放戦線を敵と見なし、しばしば攻撃を加えています。彼らは世界をイスラム化せよという神の命令を実行すべく、まず手始めにマラウィを占領し黒旗を立てたのであって、マラウィに独立国家を建設することが目的ではありません。

見方を変えると、彼らは「イスラム国」入りすることにより、分離独立を目指すローカルな存在から普遍的な目標をかかげるグローバルな存在になったということもできます。実際マラウィで「イスラム国」戦闘員として戦うなかには、フィリピン人だけではなく、インドネシア人やマレーシア人、パキスタン人、サウジアラビア人、チェチェン人、イエメン人、インド人、モロッコ人、トルコ人など様々な国籍をもつ人々がいたことが確認されています。

「イスラム国」によるマラウィ占拠直後にシンガポールで開催されたアジア安全保障会議でインドネシア国防相は、フィリピンには「イスラム国」戦闘員が約１２００人おり、そのうち少なくとも40人はインドネシア人だと述べました。同相はこの場で彼らのことを「殺戮マシーン」と称しましたが、彼らは少なくとも彼ら自身の認識においては、「殺戮マシーン」でもミンダナオ島のローカルな武装組織メンバーとそこに入った酔狂な外国人でもなく、神の命令を実行すべくジハードの最前線で戦う正義の戦士です。

このフィリピンでの「成功」や、２０１５年11月のパリ同時テロの「成功」など、世界を驚愕させるような「戦果」をあげた際に「イスラム国」がよく引用するのがコーラン第59章2節です。そこには次のように記されています。「神はかれらの予期しなかった方面から襲い、かれらの心に怖気を投げ込み、それでイスラム教徒たちと一緒になって、自らの手でかれらの住まいを破壊した。あなたがた見る目を持つ者よ、訓戒とするがいい」。

今のところ、私たちのほとんどは日本にジハード戦士が攻め込んでくる可能性について真剣に検討する必要性など感じていません。しかし私たちを「神の敵」と見なす人々は、私たちが攻撃を予期しているかどうかなどまったく意に介していないのです。

フィリピン政府は、2017年10月にニューヨークでテロを計画していたとして訴追されたフィリピン人は、マラウィを占拠した武装勢力の一員だと発表しました。彼はともにテロを計画していた仲間に対し、フィリピンは「イスラム国」のことなど全く気にしておらず「テロの温床」だ、という趣旨のメッセージを送っていたことも明らかにされています。2016年7月に発生したバングラデシュ・ダッカでのテロの犯行グループの一人は、日本国籍を有し京都にある立命館大学の教員でもあったバングラデシュ人でした。彼は日本でヒンドゥー教からイスラム教に改宗し、過激派と関係した容疑でバングラデシュ当局の捜査対象となって以降、現在に至るまで日本人の妻、子とともに行方をくらましています。いまやシリアやイラクからだけではなく、フィリピンやバングラデシュからもジハード戦士が世界中に拡散し、攻撃の機会を虎視眈々と狙う時代になったといえます。日本もかねてより「イスラム国」から有志連合の一員として攻撃対象だと名指しされてきましたが、すでに状況は数段階悪化したように見えます。警察庁が

２０１７年12月に発表した「治安の回顧と展望」でも、東南アジアのイスラム過激派によるテロの脅威が今後、日本でも高まる可能性がある、と指摘されています。

マラウィの件に関しては、実際に武装闘争を行っているのは「イスラム国」と直接関係のないマウテ・グループというローカル組織であり、いわばマウテ・グループが「イスラム国」の名前を利用しているだけだ、といった報道を日本ではしばしば目にします。この件に限らず、「イスラム国」にかかわる事案を報じるメディアのなかには、ある事案と「イスラム国」本体がどの程度直接的に関係していたのか、本体からの具体的な指令はあったのか、という点を重視するものが少なくありませんが、その点を重視しすぎるとことの本質を見失います。というのも直接的関係の有無が重要なのではなく、直接的関係がないにもかかわらず「イスラム国」の看板を掲げてテロや戦争が実行されていることのほうがよほど重要だからです。

そもそも「イスラム国」のイデオロギーは「イスラム国」オリジナルなものではなく、伝統的イスラム教のひとつの解釈のかたちにすぎません。ですから「イスラム国」に忠誠を誓う行為は、当人からすると「これからは正しいイスラム教徒としてやっていきます」という宣誓であり、そこには「イスラム国」という偏狭なテロ組織の一味になるなどという意図はみじんもないのです。その意味で私たちが注視すべきは「イスラム国」だけではなく、世界中に存在する「イスラム国」と同じイデオロギーを掲げる組織すべてだといえます。

その筆頭にあげられるのがアルカイダです。アルカイダは2001年9月11日の米同時多発テロを起こしたことで知られるグローバルなイスラム過激派組織のいわば「元祖」です。9・11事件はアルカイダのメンバー19人が米航空機4機をハイジャックし、ニューヨークの世界貿易センタービル2棟および首都ワシントン郊外にある国防総省本庁舎に突入させ、その結果日本人24人を含む約3000人が死亡した未曾有のテロ事件でした。

これ以降も2002年インドネシア・バリ島爆弾テロ（202人死亡）、2004年スペイン・マドリード列車爆破テロ（191人死亡）、2005年ロンドン同時爆破テロ（56人死亡）、2006年インド・ムンバイ列車爆破テロ（209人死亡）など、世界各地の大規模テロに関与したとされるものの、2011年に設立者であるウサマ・ビンラディンが死亡し、2014年にアルカイダから派生した「イスラム国」がカリフ制再興を宣言して以降、アルカイダの存在感は相対的に薄れたかのように見えます。

しかし実際はこの間にもアルカイダは着実に仲間を増やし、勢力を拡大させてきました。好例がイエメンを拠点とするアラビア半島のアルカイダです。米政府が最も危険なアルカイダ支部と名指ししているのが同組織であり、２０１７年1月トランプ大統領の就任後初めて実施された米軍による大規模軍事作戦も同組織に対するものでした。アラビア半島のアルカイダはイエメン国内でテロ攻撃を繰り返しているだけではなく、２００９年12月米航空機爆破テロ未遂や２０１５年1月シャルリー・エブド社襲撃への関与を認めているように、国外でも活動を展開しています。２０１１年5月にはアビヤン州の州都ジンジバル市を占拠、領域支配を実現させ「イスラム首長国」の設立を宣言しました。その後ジンジバルは国軍により奪還されましたが、アビヤン、アデン、シャブワ、バイダといった南部の州の一部で再度実効支配する地域を獲得しています。

国境を越えて顕著に活動するアルカイダ系組織としては、他にもシャバーブが挙げられます。シャバーブはソマリアの5大氏族のひとつハウィエ族を中心に結成された武装組織ですが、メンバーにはアメリカ人、イギリス人の他、ケニア人、スーダン人、イエメン人、マレーシア人、バングラデシュ人などの外国人も多く、隣国への越境攻撃もさかんに行っています。２０１３年9月にはケニアの首都ナイロビでショッピングモールを襲撃し60人以上を殺害した他、２０１５年4月には同じくケニアのガリッサにある大学を襲撃し１４８人を殺害しました。ソマリア国内においては、首都モガディシューで頻繁にテロ攻撃を行っているだけではなく、中部から南部にかけての広い地域を支配しイスラム法による統治を行っています。２０１７年にはケニアの複数の村落を支配下に収めたと宣言しています。

２０１４年にはパキスタンやインドの複数のイスラム武装組織からなるインド亜大陸のアルカイダ結成が宣言されました。ビンラディンの死後アルカイダの指導者となったザワーヒリーは、インド亜大陸全体にジハードの旗を掲げ、イスラム教による支配を回復させイスラム法を施行することが同組織の目的であると述べています。インド亜大陸のアルカイダはバングラデシュでイスラム教を冒瀆したとされるブロガーの殺害や、ＬＧＢＴ活動家の殺害について犯行声明を出しています。近年アルカイダは「イスラム国」に触発されたかのようにアジア進出を強化しており、バングラデシュでは両者が争うようにヒンドゥー教徒やキリスト教徒といった宗教的マイノリティー、世俗主義者、外国人などを殺害しています。

アルカイダの「イスラム国」に対する対抗意識は、２０１７年12月15日時点で8度にわたりビンラディンの息子ハムザの音声メッセージを公開していることからもうかがえます。ハムザ・ビンラディンは声明の中で、ジハード戦線を欧米に拡大させようと呼びかけたり、父であるビンラディンを殺したアメリカに報復を誓ったり、ローンウルフ攻撃の実行を促したりしています。ザワーヒリーに欠けているカリスマ性をハムザによって補うことにより、世界の注目を集めると同時により効果的にシンパを取り込もうとする意図があるのでしょう。将来的にはハムザを指導者とし、より一層の結束をはかる方向を見据えているのかもしれません。

アルカイダの各支部は、本体に強力な指導者が不在であるにもかかわらず、イスラム法による統治という目標達成に向けて自立的に活動しています。この点は「イスラム国」の各支部と共通しています。「イスラム国」にはカリフを名乗るバグダーディーがいますが、「イスラム国」自体は彼の強力なリーダーシップのもと中央集権的に運営されているわけではありません。カリフは存在すること自体が重要なのであって、神の命令に従うという点においてはカリフも平信徒もかわりはないのです。カリフは神の命令により預言者の代理人としてイスラム共同体を指導するのが役目であって、カリフがいて初めて神の命令通りにイスラム法を施行することができ、ジハードによってその範囲を拡大させることができるという、その点が肝要なのです。各地の武装勢力はバグダーディーをカリフと認めて忠誠を誓えば、あとは神の命令に従って行動するのみです。

アルカイダはビンラディンの生前からタリバンの指導者に忠誠を誓っており、「イスラム国」の指導者をカリフとは認めていません。タリバンは1996年にアフガニスタンの首都カーブルを制圧してイスラム首長国を建国、その際指導者だったムッラー・オマルは自らを「信者の長」と称しました。「信者の長」はカリフの別称です。ビンラディンはこの「タリバンのカリフ」に忠誠を誓い、彼の死後はザワーヒリーが新指導者アクンザーダに忠誠を誓いました。

タリバンはビンラディンを匿って米への引き渡しを拒否したことなどを理由に米主導連合軍による攻撃を受け、2001年12月には領土の殆どを失いました。しかし組織自体は消滅することなく再度活動を活発化させ、現在もカーブルなどアフガニスタン各地でテロ攻撃を行っている他、しばしば「イスラム国ホラサーン州」と交戦し互いに牽制し合っています。ただしタリバンは「イスラム国」と共闘することもあり、このことは将来的にアルカイダと「イスラム国」が手を結ぶ可能性がないとは断言できないことを示唆しています。アルカイダと「イスラム国」は指導者こそ異なるものの、イスラム法による統治という目標は同じですし、「イスラム国」のビンラディンに対する敬意はラッカにビンラディンの名を冠する通りや軍事訓練キャンプがあったことからも明らかです。

アフガニスタン現政権の統治力は同国の半分ほどにしか及んでおらず、タリバンは2017年には北部クンドゥーズ州、ファーリヤーブ州、サーレポル州、ジューズジャーン州の一部に加え、中部ウルーズガーン州、東部ヌーリスターン州の一部も次々に支配下に収め、新たに領土支配を確立させた地域の総督にインタビューするビデオを公開したりもしています。パシュトゥン人主体の組織であるため基本的にはパシュトゥー語で情報発信していますが、ここ数年はアラビア語機関紙やアラビア語の声明、英語の声明も出すようになっており、世界におけるイスラム教の正統な指導者としての立場を意識し始めた様子がうかがえます。

人口増加でイスラム教徒を増やす「ベイビー・ジハード」

アメリカは2001年の9・11事件後アフガニスタンに軍事介入して以来、2017

年現在も1万1000人規模の部隊を駐留させています。16年間に及ぶアフガニスタン駐留はアメリカ史上最長の「戦争」であり、2400人以上の米兵が死亡、2万人以上が負傷しています。その目的はテロ作戦とアフガニスタン軍の訓練だとされていますが、引くに引けない理由のひとつは今撤退するとアフガニスタンがタリバンによって統治されるイスラム首長国に逆戻りする懸念があるからです。2017年8月にはタリバンがトランプ大統領にアフガニスタンからの米軍の完全撤退を要求する公開書簡を公表しましたが、その後トランプ大統領は「勝つために戦う」と撤退しない方針を発表しました。

シリア内戦においてもアルカイダは存在感を強めています。アルカイダ傘下でシリア内戦を戦っていたヌスラ戦線はアルカイダから離脱宣言をし、他の反体制派勢力とともにHTS（シリア解放機構）という武装連合を結成、2017年7月にはイドリブを制圧しました。人口200万人を擁するイドリブは現状、反体制派支配下にある最大の地域であり、そこでは喫煙禁止令発布などイスラム法による統治が徐々に開始されています。ヌスラ戦線はもともと、シリアをイスラム法の統治するイスラム首長国にすることを目的に掲げてきましたが、HTSもアサド政権打倒とイスラム法施行を目指している点では同じです。HTSはアルカイダの看板をはずしたことになってはいるものの、米国務省が２０１７年8月に発表した声明では「ＨＴＳはアルカイダであり、シリアから追放しなければならない」と明言されています。

シリアで自由シリア軍やアハラールッシャームといった武装連合から離脱してＨＴＳに合流する組織が後を絶たない背景には、イスラム法による統治を目標に掲げるイデオロギーに共鳴する組織が潜在的に多いという事実があります。２０１５年12月、イギリスを拠点とする宗教・地政学センター（The Centre on Religion and Geopolitics）が発表したリポートは、シリア内戦を戦う武装組織のうちの3分の1、戦闘員数にして10万人ほどが、「イスラム国」と同じ目的およびイデオロギーを共有している、と報告しています。さらに主要な反体制派組織の60％はいわゆるイスラム過激派であり、彼ら自身は自分たちを穏健派と過激派に区分することはないので、西洋諸国が反体制派をそのふたつに区分し穏健派を支援する試みは成功しないだろう、とも分析しています。

シリアのラッカには反「イスラム国」活動を展開する「ラッカは沈黙のうちに虐殺される」という組織があるのですが、同組織が常々強調しているのも「イスラム国」との戦いはイデオロギー戦だという点です。「イスラム国」を軍事的に滅亡させたとしても、「イスラム国」のイデオロギーを滅亡させなければ、遅かれ早かれ新たな「イスラム国」

が出現する、というのが彼らの主張です。しかし「イスラム国」のイデオロギーを滅亡させるには、１４００年にわたって培われ18億人が信奉するイスラム教のあり方を根本的に変えなければならず、これは何をどう変えればいいのか誰にもわからないほどの難題です。近い将来、「イスラム国」にかわりアルカイダが世界最大の脅威となる可能性を指摘する人もいますが、そうなったとしてもラベルが変わるだけで脅威の中身はなにひとつ変わりません。

「イスラム国」やアルカイダといった世界征服を目標に掲げるイスラム過激派は、自分たちの勝利を信じて決して疑わないというのもひとつの顕著な特徴です。私がメディアなどで「イスラム国」の究極的目的は世界征服です、と説明すると失笑されることが少なくないのですが、これは冗談でも誇張でもなく真実なのです。コーラン第8章39節に、「騒乱がなくなるまで戦え。そして宗教のすべてが神のものとなるまで（戦え）」と記されているように、世界征服は神に命じられた目標である上に、イスラム教徒の勝利は神によって約束されています（コーラン第３章１３９節）。イスラム教徒にとってコーランは神の言葉ですから、神がそういっているならばそれは絶対の真実なのです。

イスラム教徒が共有するこの勝利の確信は合理的なものではなく啓示的なものですか

ら、現状が優勢であろうと劣勢であろうと少しも揺らぐことはありません。コーラン第3章140節には「あなたがたがもし打撃を被っても、相手もまた同等の打撃を受けている。われ（神）は人間の間にこのような日々（勝利と敗北）を交互に授ける。神はこれによって（本当の）信者を知る」と記されているように、正しいイスラム教徒であれば、神はそもそもイスラム教徒が劣勢に立たされる日もあることなどとうにご存知なのだと現状を解釈すべきなのです。これらの章句は、2014年7月にモスルで行なわれたバグダーディーの説教を始め、「イスラム国」のプロパガンダで頻繁に引用されています。

ジハードだといって自分たちが敵と見なす人々を無差別に殺すべきだと主張したり、それを実行したりする人のことを私たちはイスラム過激派と呼ぶのが通例ですが、そもそもこの主張は彼ら自身の発案ではありません。彼らはイスラム教の勝利という「神の約束」を成就させるためにジハードをしようと主張しているだけです。そしてイスラム教の勝利を確信しているのは、過激派だけではなくイスラム教徒全員です。コーランが神の言葉であることを信じず、地上におけるイスラム教の勝利を信じない人はイスラム教徒失格ですから、イスラム教徒の中にそれらを信じない人はいないことになります。

しかしながら、それを実現させるために全てを捨て武器をとって異教徒と戦うイスラム過激派は、そう多くはありません。問題は、イスラム過激派はそう多くはないものの根絶することもできない、という点です。アメリカの国家テロ対策センター長ニック・ラスムセンは２０１７年９月、イスラム過激派によるテロを世界から根絶することは不可能に近い、と述べました。

コーラン第８章39節などに見られるよう、神はイスラム教が世界を席巻するまで戦い続けよと信者に命じているにもかかわらず、なぜ多くのイスラム教徒たちはジハードに立ち上がらず安穏としているのだ、というのがイスラム過激派の主張です。コーラン第４章77節には「いざかれら（イスラム教徒）に戦闘が命じられると、見よ。かれらの中の一派は、まるで神を恐れるように人間を恐れ始める。いやもっとひどく恐れる。そしていう。『主よ。あなたは何故わたしたちに戦闘を命じられますか。何故しばらくの間、わたしたちを猶予なさいませんか』」と記されています。神は、礼拝や喜捨の義務は果たしても戦闘の義務となると急に尻込みする信者が出ることなど、当然お見通しです。同節は次のように続きます。「いってやるがいい。『現世の享楽は些細なものである。来世こそは、（神を）畏れる者にとっては最もありがたいもの』」。

イスラム教徒が確信するイスラム教の勝利を裏付けるかのような現象は、「イスラム国」やアルカイダらによるジハード戦線の拡大以外にも、既に目に見える形で現れ始めています。最もわかりやすいのは、イスラム教徒人口の増加です。

２０１７年に発表されたピューリサーチセンターのリポートによると、２０１５年時点で世界の総人口に占めるイスラム教徒の割合は24％、キリスト教徒の割合は31％ですが、２０１０年から２０１５年までに世界中で生まれた子どもの31％がイスラム教徒、33％がキリスト教徒となっています。その後のイスラム教徒の増加率は他の宗教の信者の2倍以上と予測されており、２０６０年には世界人口の31％がイスラム教徒、32％がキリスト教徒になって両者はほぼ拮抗、２１００年には35％がイスラム教徒、34％がキリスト教徒となって順位が逆転するとされています。つまり22世紀になると、世界最大の宗教勢力はイスラム教となり、世界人口の3人に1人はコーランを神の言葉だと信じ、世界はいずれ必ずイスラム教によって席巻されると信じる人になるということです。

地理的に見ると、宗教に関心が低い人口は出生率が低く高齢化が進む諸国（中国、日本、ヨーロッパ、北米など）に集中しているため、今後世界人口に占める割合は減少の一途を辿ります。一方、イスラム教徒やキリスト教徒人口は出生率が高く乳幼児死亡率が急速に低下している諸国に集中しているため、今後も世界人口に占める割合は増加すると見られています。「神を信じる人々」が圧倒的多数を占める時代が、もうすぐそこまできているのです。

イスラム教徒の人口増加はイスラム教徒女性の多産に起因するところが大きく、2015年から2020年にかけて1人のイスラム教徒女性が産む子どもの数は2・9人と予測されており、これは非イスラム教徒女性の2・2人を大きく上回っています。また2015年時点でのイスラム教徒の年齢中央値は23歳で、非イスラム教徒と比較して7歳以上若いのも特徴です。これらが相まって、今後もイスラム教徒人口の増加を促すと見られています。

コーラン第39章6節に「かれ（神）はあなたがたを母の胎内に創られ、3つの暗黒の中において創造につぐ創造をなされた」とあるように、イスラム教は妊娠、出産を神意の顕現ととらえます。預言者ムハンマドは、「愛らしく、子どもを沢山宿す女性と結婚しなさい。私は（最後の審判の日に）すべての共同体を前に、わが共同体を（その数の多さで）誇るのだから」といったと伝えられています。このようにイスラム教には、出産・育児を善行として奨励する啓示が数々あります。

一般に女性にとって、出産・育児というのは非常に大変なものです。お金も時間も体力も忍耐も必要とし、極めて面倒な上に報われるかどうかもわからないような出産・育児より、自分の好きな仕事や趣味に没頭し自由に生きたいと考える女性が増えれば、その社会の人口は当然減少します。先進諸国で出生率が下がっているのは、「女は結婚して出産・育児すべきである」という「旧態依然」とした価値観から解き放たれ、女性が自由になったことの証です。

他方イスラム教の場合、結婚・出産・育児の奨励は単なる「旧態依然」とした価値観ではなく、時代や地域を越えた普遍性をもつ神の命令です。しかもイスラム教においては、人生というのは自分の好きなことをするためにあるのではなく、ただひたすら神の命令に従い、神を崇拝するためにあるととらえます。イスラム教のこうした価値観とイスラム教徒人口の増加は、密接に関係していると考えるのが妥当です。

現代のイスラム教指導者の中には、子どもをたくさん産むことによって世界を征服しようと呼びかける人も少なくありません。一例を挙げると、エルサレムのイスラム教指導者ムハンマド・アイヤードは2015年3月、ヨーロッパに流入するイスラム教徒難民の問題を受けて、「どんどん子どもを産んで人口パワーでヨーロッパを征服しよう」

と呼びかけました。さらに彼は、そうした息子たちは来るべきカリフの下にジハードを戦うべく召集されるだろう、とも述べています。

２０１６年７月に発表されたピューリサーチセンターのリポートによると、ヨーロッパの人口に占めるイスラム教徒の割合は１９９０年には４％、２０１０年には６％と10年に１％の割合で増加しており、２０３０年には８％、２０５０年には10％になると予測されています。ヨーロッパにおいて、イスラム教徒の増加が特に顕著な国としてはベルギーがあげられます。２００８年以降、ブリュッセルとアントワープで生まれた男の子の名前で最も多いのは「ムハンマド」となっています。これはいうまでもなく、イスラム教の預言者ムハンマドに由来する名前です。ブリュッセルでは人口１００万人のうち４分の１がイスラム教徒、アントワープの小学生のほぼ半数がイスラム教徒だともされています。指導者があえて呼びかけるまでもなく、ヨーロッパにおける「ベイビー・ジハード」は着実に遂行されつつあるといえます。

第4章　自殺はダメだが自爆テロは推奨する不思議な死生観

「イスラムは宗教であり、ジハードなくしてそこに真の人生などなく、神の道における死こそが究極の目的である。イスラム教徒の若者たちよ、これがイスラム教であると知るがよい」

これは2014年8月、フサイン・ブン・マフムードという名で知られるイスラム過激派イデオローグが発表した声明の一部です。同声明はインターネット上で広まり、過激派イデオロギーを象徴するものとして欧米メディアにも多くとりあげられました。これは、日本の一部メディアや中東イスラム研究者らが繰り返す「イスラムは平和の宗教」という言説に真っ向から対立するものです。しかし私たちが過激派イデオロギーとして眉をひそめるこうした言説にはイスラム教上の正統な論拠があり、そうである以上イスラム教的に正統な見解と見なされる、というのがイスラム教の論理です。

イスラム教の論理にもとづくと、コーラン第2章214節に「神の勝利は近い」と記されている以上、遅かれ早かれ地上でイスラム教徒が勝利することは間違いありません。しかし、イスラム教徒の主体的関与なしに神の勝利が自動的にもたらされるわけでもありません。というのも、コーラン第2章216節「あなたがたには戦いが定められた」に代表されるよう、神は異教徒との戦闘をイスラム教徒に義務づけたからです。コーラン第8章39節で「騒乱がなくなるまで戦え。そして宗教すべてが神のものとなるまで（戦え）」と命じられているように、イスラム教による世界征服が実現されるまでイスラム教徒は戦い続けなければなりません。本当の平和は、自分や仲間が傷つくことなく自然ともたらされるような、そういったものではないのです。

「イスラム教は平和な宗教」論の欺瞞

ジハードが義務であることはコーランやハディースの随所で明示されているため、それについては本来そもそも議論の余地がありません。その上ジハードは、義務の中でも神のもとで最高の価値を認められた行為であると信じられています。コーラン第9章41

節には、「あなたがたの財産と生命を捧げて、神の道のためにジハードをしなさい。もしあなたがたが理解するならば、それがあなたがたのためには最良である」と明示されています。コーラン第4章95節には、「神は財産と生命を捧げるジハード戦士に、（家に）居残っている者より高い位階を授けられる。神はそれぞれによい報奨を約束なされるが、ジハード戦士には居残っている者よりも偉大な報奨を授けられる」と記されています。

さらにハディースにも、人々の中で最高の地位を与えられるのは「神の道におけるジハードのために馬の手綱をとる人である」とか、「自らの命と財産をかけて神の道に邁進する者」であると記されており、「神の道においてジハードをする人」は天国の中でも最も高いところに迎えられるとも伝えられています。預言者ムハンマドは、「すべての基礎はイスラム、支柱は礼拝、頂点はジハード」といったとも伝えられています。

ジハードこそが最高の善行であるという見解はこうした正統な論拠から導出されるがゆえに、イスラム教的には否定のしようのない正しい見解とされます。イスラム教が戦いの宗教であり、戦いを最善の行為と規定していることは、聖なるテキストやその解釈を通して編まれ続けてきた膨大なイスラム法の著作群を繙けば一目瞭然です。

ジハード思想やイスラム過激派の系譜というと、日本や欧米の研究者らはハサン・バンナーやサイイド・クトゥブにそのルーツを求めるのが通例ですが、バンナーの生まれた1906年から遡ること千年以上前に、既にその思想は誕生し、イスラム世界に十分に流布していました。ジハード思想や過激派思想を断つということは、イスラム教の伝統すべてを断つことに等しいのです。

私のここでのコーランの引用が恣意的であると感じる人もいるかもしれません。しかし自らの主張、この場合「ジハードは義務である」という主張をコーランの特定箇所やハディース、イスラム法の権威ある学説を論拠として引用し正統化するのがイスラム法的論証の基本的なやり方であり、ここにあげたのは前近代から存在するジハード論者の論拠の一例にすぎません。

「イスラム教は平和な宗教」というテーゼは、一般のイスラム教信者らによってもしばしば主張されますが、ジハード論者はそうした人々に対し地獄に行くことになると警告します。なぜならコーランではイスラム教のために異教徒と戦うことが義務であると何度も明言されているだけでなく、コーラン第2章85節に「あなたがたは啓典の一部分を信じて、一部分を拒否するのか。およそあなたがたの中でこのようなことをする者の報いは、現世における屈辱でなくてなんであろう。また審判の日には、最も重い懲罰に処せられよう」と記されているからです。ジハードの義務だけを都合よく無視するなどということは、決して許されないのです。またコーラン第2章174節では、「神が啓示された啓典の一部を隠しそれで僅かな利益を購う者は、（中略）痛ましい懲罰を受ける」と警告されています。戦いを義務づける多くの啓示を隠すことによって初めて、「イスラム教は平和な宗教」論は成立します。

さらにコーラン第3章7節には、「かれ（神）こそはこの啓典をあなたに下されるお方。その中の（ある）節は明解で、それらは啓典の根幹であり、他（の節）はあいまいである。そこで心の邪な者は、あいまいな部分にとらわれ騒乱をまきおこそうとはかったり、自分勝手な解釈を試みたりしようとする。だがその解釈は神のみがご存知」とあります。「イスラム教は平和の宗教」論者は、コーランのあいまいな部分に勝手な解釈を加える心の邪な者であると批判される所以です。コーラン第9章39節には、「あなたがたが奮起して出征しないならば、かれ（神）は痛ましい懲罰をもって懲しめ、他の民をあなたがたと替えられる」とも記されています。「イスラム教は平和の宗教」論者にそそのかされイスラム教徒がジハードに立ち上がらなくなれば、全イスラム教徒が神から見捨てられ、地獄行きになる可能性すらあるのです。こうした論拠にもとづき、ジハードを妨げようとする者に対しては戦いを挑まねばならない、と主張するイスラム法学者もいます。

「イスラム教は平和の宗教」論者は多くの場合、ジハードはそもそも努力の意味であり、最も重要なのは異教徒との戦いに努力するという意味のジハード（小ジハード）ではなく、己の弱い心に打ち克つために努力するという意味のジハード（大ジハード）なのだとも主張します。しかし大ジハードのほうが小ジハードよりも重要だという主張の根拠は、コーランはおろか6大ハディース集にも見出せません。同節の根拠とされるハディースは11世紀以前には遡れず、またそのハディースを伝える「伝承の鎖」も「弱い」ものであり、こうしたハディースは法判断の根拠とはならない無価値なものである、というのがイスラム法の原則です。実際、歴史上の著名なイスラム法学者たちも軒並みこのハディースは贋作であると判断してきました。贋作ハディースひとつを根拠に、武力闘争を義務付ける無数のコーラン章句、ハディースすべてをねじ伏せようというのは、いくらなんでも無理があります。インターネットでハディースへのアクセスが容易になった現代においては、もはやこうした「でっちあげ」理論は通用しません。

「イスラム教は平和の宗教」論者がジハード論者に反駁するためには、後者の掲げる論拠よりも正統で強力な論拠が必要とされますが、それは彼らが共通の基盤としているイスラム法の文脈においては非常に困難です。またイスラム法は神が定めた神の法ですから、イスラム教徒がその有効性に疑義を呈することも、背教者の烙印を押されかねない危険な行為です。しかしイスラム教徒がイスラム教の論理でジハード論者を論破する以外に、ジハード論を前面に掲げる過激派に魅了されるイスラム教徒を思いとどまらせる術はありません。

「イスラム教は平和の宗教」論はしばしば、ジハード論者が新たな信奉者を獲得するための方便として用いられる場合もあります。その一例が、「すべてのイスラム教徒はテロリストであるべきだ」という主張やビンラディン支持、自爆テロ称揚などで知られ、イギリスとカナダが入国を禁止しているザーキル・ナイクというインド人過激派イデオローグです。

ナイクは、２０１６年７月バングラデシュのダッカで日本人７人が犠牲となったテロの実行者の一人が彼のジハード思想に影響を受けたと自白している人物でもあり、２０１７年７月にはインド政府が彼のパスポートを無効化し、インターポールに国際手配を要請しました。しかし、この人物は日本ムスリム平和連盟の招待に応じて２０１５年11

月に来日し、代々木上原にあるモスクを運営する東京ジャーミイや日本最古のイスラム教徒団体である日本ムスリム協会を始めとする日本の名だたるイスラム教団体の歓待を受けただけでなく、東京大学や同志社大学、九州大学等で「イスラム教は平和の宗教」云々と講演、数名の日本人をその場でイスラム教に改宗させています。加えて2016年には彼に師事したという日本人が彼の許可を得て千葉県内にNGOを設立し、現在も宣教活動を行っています。彼が過去世界中でどれほど過激なジハード論を展開し、また日本でどのような「イスラム教は平和の宗教」論を展開したかは、全て映像で記録されインターネット上に出回っているので、確認するのは容易です。

ジハードは義務ですが、通常はイスラム教徒の一部が遂行すればよい集団義務であると規定されています。そして預言者ムハンマドは、「ジハードは私が遣わされてから最後の世代の共同体がアンチキリストと戦うまで続く」と述べたというハディースも伝えられています。すなわちイスラム教は、この世では終末の日までジハードが常にどこかで存続しており、イスラム教徒の一部が必ずそのジハードを戦わなければならない、と想定しているのです。

しかしジハードが全イスラム教徒にとっての義務となる場合もあります。それはイスラム教徒の土地に不信仰者が侵入してきた場合、イスラム教徒の軍と異教徒の軍とが見えた場合、カリフが特定の個人や集団にジハードへの召集をかけた場合などです。「イスラム国」などのイスラム過激派は、現在イスラム共同体は危機的状況にあると捉えているため、ジハードは全イスラム教徒にとっての義務であると主張します。

アフガニスタン、イラク、シリア、サウジアラビアといったイスラム諸国に欧米の軍隊が駐留していることだけでもその理由としては十分ですが、他にも欧米の軍隊が過激派掃討作戦の名の下に無辜のイスラム教徒を数多く殺害していること、世界各地で「正しい」イスラム教徒たちが不当に投獄されたり処刑されたりしていることなど、イスラム法的にジハードが個人義務であると論証するための根拠は十分すぎるほどあります。アメリカに拠点をおく「社会的責任を果たすための医師団（ＰＲＳ）」が２０１５年３月に公開した報告書では、１９９０年以降「テロとの戦い」など西洋諸国のからんだ戦争の犠牲となって死亡したイスラム教徒の数はおよそ４００万人にのぼるとされています。

ジハードが全てのイスラム教徒に課せられた個人義務となった場合でも、全員が武器をとって戦場に赴かなければならないわけではありません。コーラン第９章41節に「あなたがたは奮起して、軽くても重くても出征しなさい。そしてあなたがたの財産と生命を捧げて、神の道のためにジハードをしなさい」と記されているのは、健康であってもそうではなくとも、あるいは若者でも老人でも、独身でも妻帯者でも、ジハードに財産と生命を捧げることが命じられているのだと解釈されています。しかし動けないほど病気が重かったり老齢であったりする場合には、財産のみを捧げればよいとされています。アルカイダの活動資金の多くが有志からの寄付で成り立っていたのは、それが「財産によるジハード」だと信じる人々が一定数いたことの証です。また「あなたがたの財産、生命、舌をもってジハードせよ」というハディースが伝えられているように、言葉によって異教徒と戦うこともジハードだとされています。「イスラム国」がインターネットを駆使したプロパガンダ活動や、戦場を取材したりそれをビデオや雑誌のかたちで公開したりする広報活動もジハードの一環として奨励しているのは、それが理由です。

女も子どもも後顧の憂いなくジハードせよ

個人義務としてのジハードは、女性にも課せられます。2015年12月に米カリフォルニア州で発生した銃乱射事件（14人死亡）について、「イスラム国」は支援者であるイスラム教徒の夫婦二人が実行したジハードだとする声明を出したのですが、のちに機関紙においてコーラン第９章71節「男の信者と女の信者は互いに仲間であり、共に善を勧め悪を禁じる」を引用し、夫婦そろってジハードに身を捧げて殉教することは、この神の命令を実行した究極のかたちである、と絶賛しました。

さらにこの夫婦が赤ちゃんを残して殉教したことを褒め称え、コーラン第41章31節「われ（神）は現世の生活においても来世においても、あなたがたの友である。そこではあなたがたの魂は望むものを得、そこではあなたがたの求めるものが得られる」を根拠に、残された家族のことは神が面倒を見てくださるので、後ろ髪を引かれる思いなどせず躊躇なくジハードしなさいと勧めています。

２０１７年8月にはパキスタン・タリバン運動が女性向けの雑誌を創刊し、女性に早婚を勧めると同時にジハードへの参加を呼びかけ、女性同士でジハード参加者を募り、体を鍛え、武器の使用方法を学ぶよう奨励しています。イスラム共同体が危機に瀕している際は、女性であろうと扶養すべき家族がいようと、とにかくイスラム教のために武器をとって立ち上がらなければならないのです。

イスラム共同体が危機にある時には、子どももジハードを戦わなければなりません。集団義務としてのジハードが課せられるのは成年に達した男性イスラム教徒のみですが、個人義務としてのジハードは未成年者にも課せられます。イスラム教においては第二次性徴を迎えると成年に達したと見なされるので、日本のように年齢をもって成年と未成年を区分するやり方とはそもそも異なります。つまり男性のイスラム教徒は、たとえ10歳であっても第二次性徴を迎えていれば成年に達したと見なされるため、集団義務としてのジハードが課せられるのです。さらに個人義務としてのジハードは、それ未満の子どもにも課せられます。「イスラム国」が子どもを軍事訓練キャンプに入れたり、実戦に少年兵を次々と投入したりする理由のひとつはここにあります。

生命をなげうってジハードを戦うといっても、正義たるイスラム教徒軍と悪たる不信仰者軍とが正面から相見えるような「正規戦」のみが想定されているわけではありません。コーラン第9章5節で「聖月が過ぎたならば、多神教徒を見つけ次第殺し、またはこれを捕虜にし、拘禁し、また凡ての計略(を準備して)これを待ち伏せよ」と命じられているように、ジハードはいつでも、どこでも、どんなかたちでも行うことのできる戦いだとされています。また同章123節では「信仰する者たちよ、あなたがたの身近にいる不信仰者たちに戦いを挑め」とも命じられています。ジハードを実行する相手は、不信仰者でありさえすれば遠くにいる武装した兵士や警官である必要はなく、身近にいる一般市民でよいのです。

２０１４年９月「イスラム国」の報道官アドナーニーは音声声明において全イスラム教徒に対し、敵が現れた際、自分が爆弾や銃弾を持っていない場合には、石で頭を殴りつけても、ナイフで切りつけても、車で轢いても、高い建物から突き落としても、毒を盛ってもいいのだ、と指南しました。この声明は武器など触ったこともない一般のイスラム教徒に対し、ジハード実行のためにはいわゆる武器は必ずしも必要ではなく、誰の身近にも必ずある石やナイフや車などをつかって敵を攻撃することもできるのだという「気づき」を与えたという点で、非常に重要な意味を持ちます。

「イスラム国」は全イスラム教徒が本来的に共有している価値体系に立脚し、それに立ち戻り、ひとりひとりが自主的に行動しようと呼びかけているにすぎません。善良なイスラム教徒をジハード戦士にするためには、洗脳など必要ないことはいうまでもなく、金銭で釣る必要も、大規模な組織的動員を行う必要も特にないのです。それを裏付けるように、世界中で発生しているローンウルフ型のテロについて「イスラム国」はしばしば、「有志連合諸国の国民を攻撃しようという我々の呼びかけに応じた攻撃だ」という声明を発表しています。２０１７年10月にフランスのマルセイユで発生したナイフによるテロ攻撃（２人死亡）に際しては、「我々の呼びかけ」ではなく「（複数の）呼びかけ」に応じて実行されたとする声明を出しています。欧米でのジハードを呼びかけているのは「イスラム国」だけではありません。ジハードの呼びかけが普遍化すればするほど、彼らにとっては好都合なのです。「イスラム国」は、この「ジハード・スイッチ」とでもいうべきものをオンにしたことで当初の目的の半分は果たしたと評してもいいほど、この点は重要です。「イスラム国」最大の成果は決して、イラク第二の都市モスルを武力で制圧し一定期間統治したことではないのです。

攻撃対象についても、例えば２０１５年９月に発行された「イスラム国」機関紙には次のようにあります。「不信仰の地からカリフ国に移住することのできないイスラム教徒にも、敵を攻撃する機会はある。世界には70以上の十字軍諸国があり、攻撃対象はそこから選べばよいのだ。奴らの権益は世界中に存在している。どこであれ奴らを攻撃できるのであれば、躊躇は必要ない。世界のどこででも十字軍市民を殺害すればいいし、例えばミシガン州のディアボーンやロサンゼルス、ニューヨークなどにあるシーア派コミュニティーを攻撃するのもいい。ジャカルタやドーハ、ドバイにいるバーレーンの外交使節団を攻撃するのもいいだろう。ボスニアやマレーシア、インドネシアにきた日本の外交使節団を攻撃するのもいい」。彼らは主張します。コーラン第9章123節でも、「信仰する者よ、あなたがたに近い不信者と戦え」と命じられているではないか、と。

全イスラム教徒に対する「敵なら誰でもいいから殺せ」というこうした呼びかけは、2014年9月に米主導の対「イスラム国」有志連合が結成され空爆を中心とする攻撃が強化されるのに伴って増加しています。

さらに「イスラム国」は広報ビデオや機関紙において、より具体的な攻撃方法も奨励するようになりました。

ナイフによる攻撃に関しては、ナイフは預言者ムハンマドの直弟子たちがしばしば用いた武器であるとした上で、鋭く強度の高い刃のついたナイフを選ぶべきである、長すぎるものは隠すのが困難なので避けよ、折りたたみ式のものは攻撃に適さないなどのアドバイスに加え、敵を殺すのが目的なので心臓や肺といった主要臓器を刺すのが一番であるなどとも指南しています。

車両を用いた攻撃に関しては、サイズが大きくかつ機動力があり、重量はあるがスピードも出るトラックで、できればメタル・フレームのものを使用するのが最適であるとした上で、野外フェスティバルや歩行者の多い大通り、野外マーケット、パレード、政治集会などに突っ込んでできるだけ多くの市民を轢き殺せ、などとするガイドラインを示しています。

こうしたプロパガンダが奏功していることは、世界各地で「イスラム国」のガイドラインに従ったかのようなテロが頻発していることから見てとれます。2016年7月にフランスのニースで花火見物する人々の列にトラックが突っ込み84人が死亡したテロ事件を皮切りに、同年11月アメリカ・オハイオ州立大での車突入事件（9人負傷）、同年12月ドイツ・ベルリンのクリスマスマーケットでのトラック突入事件（12人死亡）、2017年3月イギリス・ロンドンでの車突入事件（4人死亡）、同年8月スペイン・バルセロナでの車突入事件（13人死亡）など、車で人を轢き殺傷するテロが各地で連続して発生しています。

車を武器として用いたテロ事件の歴史は1980年代にまで遡り、2000年以降はイスラエルでしばしば発生してきたものの、欧米各地で発生するようになったのは2014年以降のことです。日本でもニースのテロ直後に開催された隅田川花火大会では、会場付近の道路を大型車両で封鎖して車突入テロに備えるといった対策がとられた他、花火大会としては初めて緊急時対応部隊（ＥＲＴ）が配備されました。

イスラム教徒に対して「身近な」ジハードの実行を促しているのは、「イスラム国」だけではありません。他にもアラビア半島のアルカイダが２０１７年８月に発行した機関紙では、交通機関を攻撃しようという特集が組まれています。その中では、交通機関とはいっても攻撃対象は乗り物自体、線路や道路などのライン、駅やターミナルなどに３分類することができ、最大のインパクトをねらえるのは飛行機や船、列車など乗り物自体への攻撃である、これはたとえ爆破等に失敗したとしても敵に多大な心理的恐怖を与えることができるという意味においても効果的だ、などと記されています。アラビア半島のアルカイダは過去に少なくとも３回米航空機爆破未遂事件を起こしています。

ジハードが義務であるだけでなく、ジハードによって死ぬことこそがイスラム教徒にとっての究極の目的とされるのには、また別の論拠があります。

コーラン第２章１５４節には「神の道において殺された者のことを死人などといってはならない。いや、かれらは生きている。ただあなたがたにはわからないだけのこと」とあり、コーラン第３章１６９節には「神の道において殺された者を決して死んだものと思ってはならない。いや、かれらは立派に主のおそばで生きている、なんでも十分にいただいて」と記されています。このようにジハードで死んだ殉教者は、他の死者とは異なる扱いを受けるとされているのです。ジハードで死んだかのように見える人は、肉体は死んでも魂は天国に直行し、そこで永遠に生きている、というのがイスラム教の教義です。

では他の死者はどうしているかというと、墓の中で眠ったまま最後の審判を待ち続け、終末の日がやってきたらその時に蘇ると信じられています。つまり殉教者以外の死者は、まだ全員この世にいることになっているのです。終末の日がいつやってくるのかはわかりませんが、地下での長期間に及ぶかもしれないお墓生活を経ることなく一足飛びに天国に行くには、殉教するしかありません。そこから、ジハードによって死ぬことこそ究極の目的だという教義が導出されます。

預言者ムハンマドも殉教者に与えられる報奨として、流血の瞬間からすべての罪が許される、墓に行くことなく天国に迎え入れられる、死という恐怖からは遠ざけられ、72人の乙女が妻として与えられる、自分の親戚など70人を天国に入れていただけるよう神にとりなしができる、等々と述べたと伝えられています。

殉教者以外の死者は終末の日に蘇り、神がひとりひとりの生前の行いに審判を下し、天国行きか地獄行きかが決定されます。その際、生前に行った善行と悪行が天秤にかけられ、善行のほうが重ければ天国に、悪行のほうが重ければ地獄にいれられると信じられています。コーラン第50章17〜18節に「見よ、右側にまた左側にすわって２人の監視者が監視する。かれがまだ一言もいわないのに、かれの傍の看守は（記録の）準備を整えている」とあるのは、最後の審判に備えて信者の右肩にいる天使がその人の善行を、左肩にいる天使が悪行を記録し続けているのだと信じられています。イスラム教における善とは、人間が頭で考えて判断する類の善ではありません。コーラン第２章２１６節に、「あなたがたは自分たちにとって善いことを嫌うかもしれない。また自分たちにとって悪いことを好むかもしれない。あなたがたは知らないが、神は知っておられる」と記されているように、イスラム教は人間には善悪の判断はできない、という立場をとります。善悪を決定するのは神のみであり、人間にそれを知らしめるのが啓示です。殺人や窃盗が悪行だとされるのは、道徳的に許されないからでも、「自分がされたくないことは人にしてはいけない」からでもなく、「神が悪だと決めたから」です。

放蕩者の悪行も、ジハードすれば清算される

イスラム教徒には1日5回礼拝をすることが義務付けられています。その義務を毎日きちんと果たしている人については、その人の右肩に乗っている天使によって毎日善行が記録されます。一方正当な理由なしに全く礼拝をしないとか、1日1回しか礼拝をしない人については、現実生活で罰せられることはありませんが、その人の左肩に乗っている天使によって毎日悪行が記録されます。

この善行と悪行の記録は生きている間ずっと続きますが、信者自身は最後の審判の時までその記録を目にすることはできません。ですからイスラム教徒はよく、この世は試験期間であり、結果が判明するのは最後の審判の日だ、といういい方をします。この考えによると死とはすなわち試験期間の終了ですから、神を信じ毎日こつこつ神の命令を実行し正しく生きているという自覚のあるイスラム教徒にとって、死は非常に安らかなものになるはずです。

しかし信仰心も弱く神に禁じられた行為ばかりをしているという自覚のあるイスラム

教徒にとって、死は地獄行きを決定づけられる恐怖の瞬間となります。ですが悪行の込む人にとっても、一発逆転で天国行きを狙うチャンスはあります。それがジハードです。

イスラム過激派によるテロを伝える報道の中ではしばしば、テロ実行者が日常的に飲酒や放蕩にふけっておりとても正しいイスラム教徒とはいえない、だからジハードなどと称してはいても所詮はならず者がそそのかされて実行した愚行にすぎない、といった評価を見ますが、これは間違っています。私たちから見るとテロが愚かで残虐な行為でしかないのは確かですが、実行者が正しいイスラム教徒とはいえない素行で知られていた場合は特に、「だからこそジハード」なのだという解釈がむしろ妥当なのです。

飲酒、喫煙、姦通など神によって禁じられた行為は現在のイスラム諸国でも広く見られますし、欧米で暮らすイスラム教徒にとってはそれらがむしろ「普通」の行為である場合すらあります。しかしイスラム教徒は全員、神の存在、現世のあとに必ず来世がやってくること、終末の日に全ての人間が最後の審判を受けることを信じています。審判の日は「清算」の日ともいわれます。悪行を重ねつつ、いつかそれを「清算」しなければならない、いつか「清算」できるからきっと大丈夫だ、などと考えているイスラム教徒は少なくありません。

それを最も確実なかたちで明白に「清算」できるのが、ジハードという最大善の敢行です。コーラン第61章10～11節には次のように記されています。「あなたがた信仰する者よ、我（神）は痛苦の懲罰から救われる取引をあなたがたに示そう。それはあなたがたが神とその使徒を信じ、あなたがたの財産と生命をもって神の道においてジハードすることである」。

終末、最後の審判、来世などという単語が並ぶと、荒唐無稽な絵空事を並べたてているように感じる人もいるでしょうが、だとしたらそれは私たちが彼らとそうした死生観を共有していないからです。イスラム教だけではなく、キリスト教、ユダヤ教という天啓宗教は、世界を無から創造したのは神であり、その世界には始まりと終わりがあって、終末の日に神が最後の審判を行う、という世界観を共有しています。

イスラム教の場合、神、天使、啓典、使徒、来世、天命の六つを真実であると信じることこそがイスラム教の本質であるとされているため、それらを信じないこと、疑ってかかることは罪と見なされます。

神を信じるというのは、神が唯一であることを信じ、それ以外に神はいないと信じることを意味するため、神はいないと主張することも、複数の神を信仰することも共に禁じられます。神はいないと主張することは背教の罪、複数の神を信仰することは多神教の罪を構成し、イスラム法ではともに死刑にあたると規定されています。啓典を信じるというのは、神から下された全ての啓典を信じ、かつコーランが最後の啓典であると信じることを意味するため、コーランは人間が書いたものだと主張したり、コーランに嘘があると主張したりすることは禁じられます。来世を信じるというのは、終末をもって現世が終わりを迎えた後、来世が必ずやってくると信じ、そして終末の日に全ての人が復活し来世で永遠の生を得ると信じることを意味します。ですから来世などないとか、死んだ人間が復活するわけがないとか、一度死んだ人間は現世でまた転生するなどと主張することは禁じられます。

イスラム教徒でない者にとっては終末、最後の審判、来世といった概念に全くリアリティーを感じられなくても問題はありませんが、イスラム教徒ならばまずそれらの存在を信じるところから始めなければなりません。終末の後訪れる来世は、天国と地獄に二分されています。現世がいつか必ず終わり、来世がいつか必ずやってくる以上、その時なんとしても天国に入れていただかなければならないというのがイスラム教徒にとっての切実な願いです。そして天国に迎えていただくための最短ルートが、既述のジハードによる殉教なのです。

こうしたイスラム教徒の死生観、来世観を私たちが理解するのは、なかなか困難なものです。来世があると信じていない人間にとっては現世が全てですから、来世で天国に行くために現世を神の教えに従って生きるなどという生き方は奇妙にうつりますし、あるいは自由がなく現世の生活を犠牲にするしかないかわいそうな人々に見えるかもしれません。また私たちは、「有名になりたい」「金持ちになりたい」「成功したい」と願う人には共感できても、天国行きに憧れて「殉教したい」と願う人に共感することはほぼ不可能です。しかし私たちが理解できないからといって、「そんな人はいるはずがない」と決めつけることはできません。イスラム教徒として正しく生きるため、神の命令に従うために自ら進んで「イスラム国」入りする人やジハードを実行する人のことを私たちがいくら理解できなくても、実際にそういう人々はいるのです。

極貧に喘いでいる人が金につられて「イスラム国」入りするのだとか、不幸にも「洗脳」されてしまった人が自爆テロをしているのだという説明は、私たちにとっては「わかりやすい」「心地いい」ものかもしれませんが、現実はそれほど「わかりやすい」わけでも「心地いい」ものばかりでもありません。コーランを神の言葉だと信じ、その命令を実践することで天国に行かれると信じている人が「洗脳」された人だとするならば、世界18億人のイスラム教徒全員が「洗脳」されていることになります。

コーランは私たちのように、現実世界だけを信じ欲望を追求して生きる人々をたびたび批判します。コーラン第96章６～８節に「いや、人間とは実に不遜なものである。自分で何もたりないところはないと考えている。本当にあなたの主に（すべては）帰されるのに」と記されているのは、信仰を持たない人間の傲慢さを戒めたものだと解釈されています。コーラン第３章14節には、「様々な欲望の追求は、人間の目には美しく見える。女たち、子どもたち、莫大な金銀財宝、（血統の正しい）焼印を押した馬、家畜や田畑。これらは現世の生活の楽しみにすぎない。だが最高の安息所は神の御側にこそある」と記されています。信仰を持たない人間が家庭や財産、社会的地位といったもののみを追求することは、神は当然お見通しです。しかし「現世の生活はいつわりの快楽にすぎない（同章１８５節）」のであり、最後の審判は「すべての人が、それぞれ（現世で）自分のした一切の善事と悪事とをあらいざらい目の前にならべて見せつけられる日（同章30節）」であって、「来世を犠牲にして現世の生活を購った者、結局かれらの刑罰は一切軽減されず、また（最後の審判の日に）誰の助けも得られない（第２章86節）」

とされます。

「信仰を拒否しわれ（神）の神兆を嘘呼ばわりする者は、業火の住人であって、永遠にその中にとどまる（第2章39節）」と記されているように、イスラム教徒以外は全員地獄行き、というのがイスラム教の教義です。たとえイスラム教徒でなくとも、家族を大切にし、一所懸命仕事をしてお金を稼ぎ、できるだけいい暮らしができるよう努めることの何が悪いのだという反論は、神という唯一不変の絶対的善の基準を有するイスラム教の前では無意味です。イスラム教という宗教を信奉するかしないかで、死生観はそれほどまでに劇的に変わってくるのです。

このことは逆にいえば、今ある価値観や世界のあり方、自分の現状に不満や不安、疑問を感じている人にとっては、イスラム教こそが解決であるとうつる可能性を示唆しています。イスラム教徒になること、すなわち自分の意思というものを放棄し神という他者に己を完全に委ねることにより、人は全く新しい人生を歩むことができるのです。世界の中で日々少なからぬ人々が自主的にイスラム教に改宗している一因は、そこに求められます。

ラマダンの時期にジハードを称するテロが増加するのも、イスラム教の教義と関係しています。ラマダンは一般にイスラム教徒が日中断食をして信仰心を高揚させる月として知られますが、歴史的・伝統的には戦いと殉教の月としても位置づけられています。というのも６２４年のバドルの戦いに始まり、６３０年のメッカ征服、７１１年のアンダルス侵攻、１９７３年の第４次中東戦争に至るまで、イスラム教徒にとって重要な勝利がもたらされたのがラマダン月であったことが多く、神が勝利をもたらしてくださる月だという認識が強いためです。そのため「イスラム国」のような過激派のみならず、いわゆる穏健派のイスラム教指導者もこの月にはジハードの重要性を強調するプロパガンダをさかんに行います。

エジプト当局によって最高権威と認められたイスラム法学者アリー・グムアは２０１２年の同月、「ラマダンは神を崇拝し神により近づくための月であるだけでなく、この偉大なる宗教を広めるために行動し、ジハードをするための月である」「ラマダンは征服の月であり、神がイスラムの光、道徳、価値を全人類に広めることをお望みになっている月なのだ」などと記した論説を新聞に寄稿しています。

エジプトで２０１２年から1年間ほど政権を担ったムスリム同胞団の最高指導者ムハンマド・バディーウも同年のラマダンに際し、「神は（ラマダンの）断食とともに戦闘を、そしてそれによってイスラム教徒が勝利することをお望みである」「断食は義務を怠るためのものではない。ラマダンはむしろイスラム教による征服と勝利のために行動をおこす月なのだ」などと記した論説をムスリム同胞団のウェブサイトに寄稿しています。

このように「ラマダン＝ジハードの月」というのはイスラム教徒にとっては一般的な認識であり、過激派固有のものではありません。「イスラム国」報道官アドナーニーがカリフ制再興宣言をしたのが２０１４年のラマダン月であったことも、意図的なものだといえます。彼はその中でラマダンを祝福し、「神よ、この月をイスラム教徒にとっては勝利と名誉と統合の月に、背教者たちにとっては呪いの日々にしたまえ」と述べました。

この2日後に公開された音声声明では、カリフであるバグダーディーが次のように述べています。「神の道におけるジハードをこえる善行はない。だから（ラマダンという）この機会を活用し、正しき先人たちの道を歩みなさい。ジハード戦士たちよ、神の道におけるジハードを通して神の宗教を支えなさい。神の敵を恐れさせ、あなたののぞむ場所で死を求めなさい。なぜなら現世は必ず終わりを迎えるが、来世は永遠に続くからである」。

ジハードがイスラム教における最善の行為であり、ラマダンがジハードの月であるという認識は、過激派も穏健派も共有しています。両者が異なるのは、過激派が異教徒との戦いとしてのジハードを賞賛し、実際に武器をとって敵を殺し、神の道において死のうと呼びかけるのに対し、穏健派はそこまではいわないという点です。

既述のように、ジハードはそれ自体が義務であるだけではなく、ジハードで死ぬと殉教者とされ直接天国に迎え入れていただけるとイスラム教徒は信じています。ですから「イスラム国」の「ジハードで死のう」という呼びかけは、「殉教」の呼びかけであって、決して「自殺」の呼びかけではないのです。

イスラム教では自殺は禁止されています。なぜならコーラン第4章29節で、「あなたがたはあなたがた自身を殺してはならない」と明示されているからです。神にははっきりと禁じられている以上、自殺が禁止行為であることについては疑いの余地がありません。

しかし一方で、神の道においてジハードを戦い殉教した人が神から最高の祝福を受けることについても、イスラム法学者たちは合意しています。「イスラム国」を始めとする過激派は、異教徒との戦いの手段として頻繁に自爆という手法をとることで知られていますが、これが彼らにとって「自殺」ではなくあくまで「殉教」であることは、彼らがアラビア語で自爆攻撃のことを「殉教攻撃」と称している点からも理解できます。

同じアラビア語でも、例えば「イスラム国」のような過激派に批判的な立場をとるメディアでは、自爆攻撃は自爆攻撃か自殺攻撃、自爆者は自爆者か自殺者と文字通りに表現されます。しかし「イスラム国」メディアや支持者らは必ず、自爆攻撃を殉教攻撃、自爆者を殉教者と表現します。イスラム教は自殺を禁じているのだから自爆はイスラム教に反しているという批判は、少なくとも自爆を殉教行為と認識している人々に対しては妥当しません。既述のように、コーランは随所でジハードに命を捧げよと命じており、殉教者は天国で永遠の命を得るとも明示している以上、それらはイスラム教においては普遍的規範なのです。

米メリーランド大学のグローバル・テロリズム・データベースによると、全世界で発生した自爆テロの件数は２０００年には39回でしたが、２０１０年には１７５回、２０１１年には２０９回、２０１２年には４０２回、２０１３年には６２３回、２０１４年には７４２回、２０１５年には９１５回、２０１６年には９８２回と飛躍的に増加しています。

これを「洗脳」の一言で説明しようとするならば、少なくともこれらの自爆テロのほとんどにイスラム過激派との関わりが認められることも勘案しなければなりません。イスラム過激派だけがなぜこれほど支持者の「洗脳」に長け、これほど多くの自爆者を送り込むことに成功しているかを説明するには、イスラム教の教義や死生観を避けては通れないはずです。

「イスラム国」は戦闘員が心情を吐露するビデオを公開することも少なくありません。２０１６年に「イスラム国」が公開したビデオ『かれらは主のもとで生きている』の中では、母国サウジアラビアで人気歌手として活躍していたマーヘル・ミシュアルがまず、なぜ「イスラム国」入りしたかについて次のように語っています。「僕は13、14歳の頃からメディアに関心があってメディアに出たいと思っていました。それがかなってメディアに出るようになり、有名になって、お金はもちろんのこと、ありとあらゆるものを手に入れました。でも心の底からの幸福感だけは、得られなかったのです」。

24歳の時に「イスラム国」入りしたマーヘルは、そこでの暮らしについて次のように語っています。「ここでの生活は非常に質素です。だけど僕は全てを持っていた頃よりも、ここにいる今のほうがずっと幸せなのです。神は僕の心の中にあるこの幸福感をご存じです」。

そして最後に、両親に対して次のような遺言を残しています。「つらいかもしれないけれど耐えてください。あなたたちの息子マーヘルは、殉教するのです。ジハードで殉教した者は、神に対して70人を天国に入れてくださるよう推薦することができます。だから僕が殉教者として神に受け入れて頂けるよう祈ってください」「僕は神の道において殉教したいのです！」

現世で得た富や名声を捨ててジハードに邁進した彼の人生は、コーランで明示された通りの理想的なものです。彼は自分の人生を神から与えられたものとして受容し、神の命令のままに捧げたのです。

今自分が生きているこの現世で富や名声を追求したり、家族や友人を大切にしたり、あるいは自分一人の幸福や充実感を重視したりする、そうした選択の自由を当然と考える私たちにとって、マーヘルのような人々はかなり奇妙にうつります。しかし彼らのような人々は、私たちにとって自分たちが奇妙にうつることをむしろ誇りとしているのです。

なぜなら預言者ムハンマドが次のようにいったと伝えられているからです。「イスラム教は奇妙なものとして始まった。そして始まった時と同様に奇妙なものへともどるであろう。奇妙な者たちに幸あれ」。また次のようなやりとりも伝えられています。「神の使徒よ、彼ら（奇妙な者たち）はどのような者たちですか?」「人々が堕落した時それを正す者たちだ」。奇妙な者たちとは「無数の邪悪なる人々に囲まれた正義の人々」である、ともハディースに伝えられています。ジハード戦士たちは彼ら自身の認識においてはあくまでも、異教徒には知り得ない真実たる神の命令に従い、世直しのために悪と戦う正義の戦士たちなのです。

第5章　娼婦はいないが女奴隷はいる世界

２０１４年10月「イスラム国」は機関紙で奴隷制復活を高らかに宣言し、私たちを再度驚かせました。

同紙には次のようにあります。「不信仰者の家族を奴隷とし、その女たちを性奴隷とすることは、確固たるものとして立証されたイスラム法の一側面なのだということを忘れてはならない。このことを否定したり嘲笑したりする者は、コーランの章句とハディースを否定したり嘲笑したりする者であり、それによってイスラム教から背教する者である」。

不信仰者に対してはまず宣教を行い、従わない場合には武力で制圧して殺害するか奴隷化するというのは、コーランやハディースに立脚したイスラム法の明確な規定です。ゆえに上述の「イスラム国」の主張は、イスラム法的に正しいものだと認定されます。

こうした明文に由来する規定に疑義を呈することは許されませんし、イスラム法自体を否定することはより一層許されません。イスラム法は神が人間に下した完全無欠の法であり、その完全性は神の完全性に由来しています。イスラム法に欠けたところや間違ったところがあると主張することは、それを下した神に欠けたところや間違ったところがあると主張することになるため、絶対に禁じられるのです。

イスラム法というのは全イスラム教徒に適用されるルールですから、この奴隷についての規定も基本的には全イスラム教徒が神からの命令として肯定的に認識していることになります。

女奴隷とは好き放題にセックスできるし、売り飛ばしても構わない

実際に、たとえばエジプト・アズハル大学の女性教授スアード・サーリフは2014年9月に放送されたテレビ講座において、「イスラム教徒が異教徒と戦争をして敵側の女を獲得したならば、その女はイスラム教徒の所有する奴隷となり、その女奴隷を所有した人は彼女と性交をすることができる。それは彼が自分の妻と性交できるのと同様で

ある」と述べています。彼女の主張は特殊でも過激でもなく、どのイスラム法規範の著作にも掲載されている極めてスタンダードで正統な規定そのものです。

彼女が教鞭をとるアズハルは世界最大規模のイスラム教スンナ派の研究・教育機構であり、エジプト政府の公式発表によると2013年から14年の1年間だけでもそこで学んだ学生数は30万人近くにのぼります。アズハルは世界中にイスラム教の教育機関のネットワークを有しており、そこで学ぶ学生の総数は毎年200万人ともいわれます。つまりアズハル傘下の学校だけでも、世界で毎年およそ200万人が異教徒の殺害や奴隷化は正しいというイスラム法の規範を正課として学んでいるということです。

アズハルは世界各国から敬虔なイスラム教徒が正統なイスラム教を学びに集まってくる場であり、そこからは多くのイスラム教専門家が巣立ち、世界中のイスラム教徒を指導しています。しかしビンラディンの師として知られるアブダッラー・アッザームが学んだのも、1997年エジプトのルクソールで日本人10人を含む63人が犠牲となったテロの首謀者とされるオマル・アブドゥッラフマーンが学んだのもアズハルです。女子学生の誘拐や凶悪なテロ行為で知られるナイジェリアのイスラム過激派組織ボコハラムの指導者アブバカル・シェカウもアズハルの卒業生です。アズハルは決してイスラム過激派教育機構ではありません。ただ、一般的なスンナ派イスラム法学者とアルカイダやボコハラムの指導者がともにイスラム法を学び、それに基づいて主張を展開したり行動したりしており、それを教授しているのがアズハルだというだけのことです。

アズハルが「イスラム国」を批判しつつも、イスラム教に反しているとか不信仰であるなどとはっきり断罪できない理由はそこにあります。イスラム教には過激派と穏健派を区分する論理は内在していないのです。穏健派と称されるイスラム教スンナ派の主流派もテロで悪名高い過激派も立脚する規範体系は同じですから、主流派の広まりは結果として過激派を理論的に支え擁護することにもなります。

一例を挙げるなら、アズハルのようなイスラム教育機関では、コーランの読み方として最も正しいのはコーランを文字通り読み字義通り解釈することであると教えられています。またイスラム法上の最も強力な規定というのは、コーランとハディースの字義通りの意味から導出される規定であるとも教えられています。これらはいずれもイスラム法の大原則です。そしてこれらにもとづくと、異教徒の殺害や女奴隷について「イスラム国」が展開する主張は、それに反論する主張よりはるかに強力であることが明白になります。主流派による過激派への反論は、比較すると論拠薄弱な説でしかない場合がほとんどです。

しかし一方でアズハルのような主流派は、自分たちこそが西洋世界と向かい合うべきイスラム教の顔であると自負しています。だからこそ、ある場面においては異教徒の殺害や女奴隷はイスラム教において宗教的に正しい行為だと主張しつつ、別の場面においては「イスラム国」の残虐行為を批判するという対応をとっているのです。これはイスラム教の論理においては必ずしも矛盾しているわけではありませんが、外部者から見たイスラム教をよりわかりにくくしているという側面があります。私たちが既存の国際的な法的・倫理的規範に基づき、異教徒の殺害や奴隷化は絶対に許されない犯罪行為であると主張するのは簡単ですが、イスラム教徒がイスラム教の論理に基づきそう主張するのは非常に困難なのです。

1948年第3回国連総会で採択された世界人権宣言は、世界史上初めてすべての人間が生まれながらに基本的人権を持っていることを認めた意義深いものであり、第4条では「何人も、奴隷にされ、又は苦役に服することはない。奴隷制度及び奴隷売買は、いかなる形においても禁止する」と奴隷制の禁止を明示しています。しかしどんなに多くの国が批准しようと、これは私たち人間が作った決まりごとです。過激派だけではなくイスラム教徒の多くは、人間の作った決まりごとを神の法と比して軽視するのが通例ですから、私たちがいくらそれらを引き合いに出して奴隷制の不当を主張したところで、神の法の信奉者たちには全く響かないということを認識しておく必要があります。すべての創造者である神が奴隷制を認めている以上、神の被造物である人間にそれに逆らう術はないのです。

イスラム教は「神がいる」という前提から出発する宗教であり、その神が人間に法を下したこと、人間はそれに従わなければならないこともあらかじめ決められています。ですからその枠内においては、神の存在如何について問い直したり、神の法を否定したりすることは一切許されません。あくまでもそうした愚かな蛮行に及ぶ者は、背教者として死刑に処されるのみです。すべての人間に自由と人権が認められたこの21世紀の世界に奴隷制復活など到底許されないという主張は、このイスラム教の枠内においては認められません。逆に神が規定した奴隷制がこの世界から失われたことのほうがおかしい、という主張が出てくるのが自然です。

「イスラム国」の奴隷制復活宣言がショッキングだったのは、私たちが当然の権利として享受している基本的人権を完全に無視したものだったからというのもありますが、彼らが誇らしげに女奴隷を性奴隷にすることは神に認められた正しい行為だと宣言したからでもあります。

イスラム法は人間の全生活を規定する法であるため、性生活についても詳細に規定しています。コーラン第23章1〜6節には次のようにあります。「信者たちは確かに勝利をつかみ、礼拝に敬虔で、虚しいことを避け、施しに励み、自分の陰部を守るもの。ただし配偶と自らの右手の所有するものは別である。かれらに関しては咎められることがない」。これはイスラム教徒男性が合法的に性交することのできる相手を定めた章句であり、その相手とは妻と「右手の所有するもの」であると規定しています。この「右手の所有するもの」とは主として、戦争によって敵方から獲得した女たちをさす言葉です。

イスラム教徒は終末の日まで異教徒と戦い続けよと神から命じられており、その戦いにおいて獲得した異教徒の家族は戦利品として扱われ、うち5分の1は国庫に帰属し残りの5分の4は戦いに参加した戦闘員の間で分配されるとイスラム法において規定されています。たとえば40人の部隊で異教徒の征伐を行い異教徒の女を100人捕獲した場合、20人は当局のものとなり、残りの80人は2人ずつ40人の戦闘員に分配されます。その2人は各々の戦闘員の「右手の所有するもの」になるため、戦闘員は彼女らを女奴隷として性交することも認められていますし、売却することも認められています。「イスラム国」から流出した資料によると、奴隷市場における女奴隷の価格は年齢が若いほど高く、1歳から9歳で20万ディーナール（約1万9000円）、10歳から20歳で15万ディーナール（約1万4000円）、21歳から30歳で10万ディーナール（約9500円）、31歳から40歳で7万5000ディーナール（約7000円）、41歳から50歳で5万ディーナール（約4700円）とされています。女奴隷は、「イスラム国」支配領域で開催されるコーラン朗唱コンテストの「景品」とされていたケースも報告されています。このように女奴隷はあくまでも、売買や授受の対象となるモノとして扱われます。

「イスラム国」が拘束して奴隷としたのは、主にイラクとその周辺国に居住するヤズィーディー教徒という宗教マイノリティーの女性と子どもです。「イスラム国」はヤズィーディー教徒がイスラム法上、征伐を行い奴隷化することを認められている多神教徒であることを「論証」したと主張します。というのも、同じ異教徒ではあってもユダヤ教徒やキリスト教徒の場合はイスラム法上「啓典の民」としてカテゴライズされ、彼らにはイスラム教の統治に服し人頭税を納めることによって自分たちの信仰を保ったまま暮らす、という選択肢が残されるからです。

また「イスラム国」は、ヤズィーディー教があくまでも本来的な多神教であり、イスラム教から背教した宗教ではないという点も強調します。なぜならイスラム法は、イスラム教から背教した女性を奴隷化することを禁じているからです。「イスラム国」によるヤズィーディー教徒の征伐と女性や子どもの奴隷化は世界人権宣言には抵触しますが、イスラム法上は認められています。奴隷化に限らず、「イスラム国」のあらゆる主張や行為は、私たちから見れば不法で不当ですが、イスラム教の論理においては合法で正当なのです。

「イスラム国」は奴隷化したヤズィーディー教徒たちがこぞって主体的にイスラム教に改宗していると指摘し、ハディースを引用して、神はイスラム教に改宗した奴隷を来世で天国に迎え入れてくださると主張します。彼らはここから、女奴隷の存在を否定する一方で娼婦の存在は認める西洋諸国は過ちを犯している、なぜなら女奴隷は多神教という闇から抜け出てイスラム教に改宗しさえすれば救済される道が残されているが、娼婦にはもはや救済される道は残されていないからだ、という論を展開します。

自由を基調とする世界に生きる私たちにとって、完全に自由を奪われた女奴隷のほうが娼婦よりずっとましだという主張に同意するのは極めて困難ですが、イスラム教の論理ではそうなのだという事実は私たちにはどうすることもできません。このことはイスラム法において女奴隷との性交は合法とされる一方、娼婦との性交は姦通という重罪を構成すると規定されていることとも関係しています。預言者ムハンマドも、「イスラム教の中に売春というものはない」といったと伝えられています。

さらにコーラン第4章25節「あなたがたの中で信者の自由な女を娶る資力のない者は、右手の所有する信仰ある女を娶れ」に立脚し、イスラム法における女奴隷は、自由人女性と結婚できないイスラム教徒男性にとって神から許されたオルタナティヴであるとも位置付けられています。「イスラム国」はこれをふまえ、女奴隷のいない状態は姦通の増加を招くとして、女奴隷の存在がいかに正統かつ有益であるかを強調します。

イスラム教徒男性が自由人のイスラム教徒女性と結婚するためには、必ず女性の身分後見人に婚資を支払わなければなりません。婚資とは婚姻の際、男性が女性に性交を求める対価として支払う金銭のことで、一般に非常に高額であり、一説によるとその女性が5年から10年暮らせるくらいの金額とされています。しかし女奴隷の場合には婚資はその半分程度とされるため、自由人女性と結婚するだけの資金のない男性には女奴隷との結婚が推奨されるのです。

レイプの被害者は「姦通」で鞭打ちされる

既述のように、イスラム法において認められた性交とは、配偶者との性交と、女奴隷とその主人との性交のみです。ですからいわゆる不倫だけではなく、未婚者同士の性交も姦通とされます。コーラン第17章32節には、「姦通に近付いてはならない。それは醜行である。憎むべき道である」と記されています。また預言者ムハンマドは、「多神教をのぞくと姦通ほど大きな罪はない」といったと伝えられており、イスラム法においてそれは忌むべき大罪であると規定されています。

姦通罪を犯した者に対しては、未婚者の場合にはコーラン第24章2節「姦通した女と男はそれぞれ100回鞭打て」にもとづき、100回の鞭打ち刑が科せられます。また既婚者の場合には、預言者ムハンマドが姦通を犯した既婚者に石打ち刑を命じたとするハディースにもとづき、石打ち刑が科せられます。石打ち刑とは受刑者が死ぬまで石を投げつけるという刑罰で、いわば死刑のありかたのひとつです。同じ罪を犯しても未婚者のほうが既婚者より刑罰が軽いのは、人間は結婚して初めて一人前になるとするイスラム法の考え方に基づいています。未婚者は、権利においても責任においても既婚者の半分程度が妥当だと見なされます。

姦通は既婚者に対しては死刑が宣告される重罪ですが、歴史的には姦通罪が立証され死刑が執行されるケースはまれであったとされています。というのも、姦通罪立証には本人の自白か、もしくは成年自由人男性イスラム教徒の証人が4人必要で、しかも4人が4人とも挿入の瞬間を目撃しており、4人の証言内容がぴったり一致していることが要請されるからです。この要件を満たすのは現実的にはほとんど不可能です。

現代のイスラム諸国でしばしばレイプの被害にあったと訴えた女性の側が逆に鞭打ちなどの厳しい刑罰を受けるのは、これが原因です。イスラム法においてはレイプも姦通と見なされるので、レイプされたという申告は姦通行為を行ったという自白だと認定される一方、レイプ犯のほうは自白せず、また4人の目撃証人も現れなければ姦通罪は立証されません。

現代のイスラム諸国のほとんどは制定法を適用していますが、セクシュアリティや結婚・離婚、相続といった事案に関してはイスラム法の規定を採用している国が少なくありません。レバノン、ヨルダン、チュニジアといった中東諸国でここ数年相次いで廃止されているのが、レイプ加害者が被害者女性と結婚すればレイプの罪を免れるという法規定です。これもまたイスラム法に由来しています。イスラム法ではレイプも姦通として扱われますが、姦通罪は極刑に処される重罪であるため、その成立をできるだけ避けるためのしくみが法体系の中にいくつか組み込まれています。そのひとつが、「類似性の法理」によって姦通罪の成立を避けるという方法です。

イスラム法には婚姻にまつわる詳細な規定があり、そのなかに「無効な婚姻のまま床入りが完了してしまった」場合についての規定というものがあります。その場合には、相場の婚資を支払うことによって婚姻が有効となるとされています。レイプという行為は、外形だけを見ればこの「無効な婚姻のまま床入りが完了してしまった」場合と類似性が認められます。ゆえにレイプ後に被害者に婚資を支払い結婚することで、これはレイプではなく「無効な婚姻のまま床入りが完了してしまった」ケースなのだ、とする一種の擬制が成立します。

明白に違法な姦通行為に対しては姦通罪の適用が妥当とされますが、その違法性に疑いがある場合や合法な性交との間に何らかの類似性が認められる場合には姦通罪の適用を避けるべきだ、という考えがイスラム法のなかにはあるのです。なぜかというと、姦通によって女性が妊娠し子どもが生まれた場合、その子どもは父親のいない子どもとされ、社会的にもイスラム法上も著しく不利な扱いを受けることになるからです。預言者ムハンマドは、「わがイスラム共同体は、婚外子が多く出現しない限りよい状態であり続けるだろう。もしそのような状況になったら神の懲罰は近い」といったと伝えられています。しかし沿革的には婚外子をつくらないための方策であった「類似性の法理」が、現代においてはもっぱらレイプ犯の免罪のために用いられているというのは皮肉です。

現代のイスラム諸国で施行されている姦通罪は、思わぬ形で外国人に適用されることもあります。２０１７年にはドバイのビーチにて車中で性交していた日本人カップルが逮捕され、姦通と飲酒の罪で執行猶予付きの禁固１ヶ月、罰金２０００ディルハムの有罪判決を受け、強制送還されるという事件が起こりました。ＵＡＥの法が姦通者に鞭打ち刑や石打ち刑を科していなかったのは不幸中の幸いです。ドバイは日本人に人気の海外旅行先のひとつですが、婚姻関係にない男女が性交することはもちろんのこと、ホテルの同室に宿泊することも法律で禁じられていることは、あまり知られていないかもしれません。公の場でのキスやハグも、「みだらな行為」と見なされれば逮捕される可能性があります。

イスラム教は性交してもよい相手を法で限定し姦通者を厳しく罰しますが、決して性的な禁欲を説いているわけではありません。性欲は自然なものであり、それは抑制すべきものではなく、正しいやり方で満たすべきだ、というのがイスラム教の考えです。

イスラム教徒の手本とされる預言者ムハンマドは、よく知られたハディースにおいて、「わたしは誰よりも神を恐れ畏んでいるが、断食もすれば食べもするし、礼拝もすれば眠りもするし、また女を娶りもする。このわたしの慣行を嫌う者はわたしの仲間ではない」といったと伝えられています。これは禁欲を戒めるハディースとしてしばしば引用されます。預言者ムハンマドは、「女性と香水はわたしにとって愛おしいものである」といったとか、一晩で9人あるいは11人の女性と連続して性交したとハディースに伝えられているように、合法的なやり方に則って性交することの重要性を彼自らが示しています。

合法的に性欲を解消するための契約として、結婚は強く奨励されます。コーラン第13章38節では結婚は使徒たちの慣習であるとされており、第24章32節には「あなたがたの中の独身の者、またあなたがたの奴隷の男と女で廉正な者は、結婚させなさい」と記されています。

預言者ムハンマドは、「若者たちよ。あなた方の内で（経済的にも肉体的にも）結婚できる者はしなさい。結婚は最も視線を低くし、貞操を守ってくれるものである」といったと伝えられており、これはイスラム教が早婚を奨励する根拠のひとつとなっています。「視線を低くする」というのは、コーランにも現れるフレーズであり、性欲を刺激するようなものをうっかり見て、それを凝視したり姦通に走ったりしてしまわないために、必要な作法であるとされています。結婚しさえすれば性欲は満たされ、姦通から遠ざかることができると考えられているのです。

よく知られているように、イスラム教徒男性は4人まで妻を娶ることが認められています。これはコーラン第4章3節に「あなたがたがよいと思う2人、3人または4人の女を娶れ」とあるためです。しかし同節には続けて「だが公平にしてやれそうにもないならば、只1人だけ（娶るか）、またはあなたがたの右手が所有する者（女奴隷）で我慢しておきなさい。このことは不公正を避けるため、もっとも公正である」と記されているように、複数の妻には平等に接することが命じられています。この場合の平等とは物質的、肉体的、感情的平等のすべてを含むため、複数の妻を持つ夫はすべての妻のために同程度の家を用意して同額の生活費を与え、一人一人を同頻度で訪れて性交し、同じくらいずつの愛情を与えなければなりません。これを規定通り実行するのはなかなか困難だと思われますが、現代も複数の妻をもつイスラム教徒男性は存在しています。

イスラム法の規定によると、妻との性交は生理中と産後は禁じられますが、それ以外は夫の思いのままであり、妻の側に性交を拒む権利はありません。というのもコーラン第2章223節に、「妻はあなたがたの耕地である。だから意のままに耕地に赴け」とあるからです。預言者ムハンマドは、もし夫が妻を性交するために呼んだら妻は竈で作業をしていようともすぐに夫のもとに行かなければならないとか、夫からの性交の要求に逆らった妻は朝まで天使に呪われる、などといったと伝えられています。イスラム法上、夫には妻に対して性交に応じるよう要求する権利があると規定されており、妻がそれに応じない場合には離婚されてもやむを得ないとされています。

イスラム教は信者の男性に対し、預言者ムハンマドの慣行に従ってできるだけ結婚をし、合法な相手とは大いに性交するよう促しています。「あなた方が（性交を求めて）妻に近づくこともまた、施しのひとつなのだ」というハディースにも示されているように、合法な性交は報奨の対象とされています。

「働く女性は同僚男性に五口の母乳を飲ませよ」

イスラム教は性交の快楽も積極的に認めています。コーランでは天国も性的快楽に満ちた地として描写されています。コーラン第56章22～23節によると、天国には「秘蔵の真珠のような（23節）」「大きい輝くまなざしの美しい乙女（22節）」がおり、彼女らは神が「かれら（の配偶として乙女）を特別に創り、かの女らを（永遠に汚れない）処女、同じ年頃のかわいい乙女にした（35～37節）」とされています。そしてコーラン第36章55節に「本当に天国の仲間たちは、この日、喜びに忙しい」と記されているのは、処女たちと性交するのに忙しいという意味であるとコーラン学者たちは解釈しています。

また預言者ムハンマドは、天国の民への最小の報いは「８０００人の召使と72人の妻、真珠や宝石で飾られた広大な宮殿」であるとか、天国に入れられた男性には「１００人の男に匹敵する精力が与えられる」「一晩に１００人の処女に近づくだろう」「オーガズムが次々と訪れ、眠ればまたかの女は処女にもどっている」などと述べたと伝えられており、このような天国での性的快楽についてのハディースは他にも数多く残されています。

イスラム法では、性交が許された関係性にある異性同士1対1の性交のみが合法とされるため、複数名で行う性交や同性間の性交は禁じられています。

同性愛に対する嫌悪は現代のイスラム社会においても根強く、多くのイスラム諸国で同性愛行為は違法として規制されています。しかしイスラム法においても、また国の制定法においても禁止されているにもかかわらず、イスラム教徒同士の同性愛行為の摘発は後を絶ちません。現地の新聞やテレビでは、同性カップルが秘密裏に結婚式をあげていたら近所の人々にバレて暴動が発生したとか、公衆浴場に男ばかりが集まるので怪しいと思われていたら夜な夜な男だけの乱行パーティーが開催されていたことが判明し警察が現場に踏み込んだなど、同性愛がらみのスキャンダルがしばしば派手に報じられます。同性愛はイスラム法においては死刑と規定されていますが、現代のイスラム諸国における刑法では多くの場合禁固刑が科せられることになっています。

アチェ州を除き同性愛が違法とはされていないインドネシアでも、同性愛者がポルノ規制法などの容疑で逮捕されるケースが増加しています。インドネシアではイスラム教徒である閣僚が「ＬＧＢＴ運動は核戦争より危険」とか、「同性愛者は病気だから治療しなければならない」と公の場で発言するなど、同性愛に対する偏見は強烈です。同性愛者は病気、というのは一般のイスラム教徒からもよく聞かれる常套句です。2017年9月にエジプトのテレビ番組で開催された同性愛についての討論会は、参加者らが「同性愛はエジプト社会を滅ぼすためのアメリカの陰謀だ」とか、「イスラム教の啓典は同性愛を禁じているのでイスラム社会はそんなものは未来永劫絶対に受け入れない」「同性愛者はふつうの人間ではない」「同性愛者は高い建物から突き落として殺すべき」「砂漠でもどこでもいいので牢屋をつくって同性愛者をぶち込むべき」等々と述べるなど、討論会とは名ばかりで、同性愛者への嫌悪感むき出しの悪口大会と化していました。

イスラム教は、女性を「男を誘惑する悪魔」だと捉えているのも特徴的です。よく知られたハディースに、次のようなものがあります。「預言者ムハンマドはある日、ある女性を見てすぐに妻であるザイナブのもとに行き、皮なめしをしていた彼女と性交をした。それから教友たちのもとに行き、『その女は悪魔の姿をして近寄り、悪魔の姿で去っていった。だからもしあなた方が女を見たなら、妻のところに行きなさい。それによってあなた方の心の中にあるものを撃退することができるだろう』といった」。

このハディースは一般にイスラム法学者たちによって、本来的に女というのは「男を誘惑する悪魔」のような存在であるから遠ざけなければならない、という趣旨で解釈されています。男性がうっかり女性に誘惑されてしまい姦通の罪を犯してしまうと、大変なことになります。そこでイスラム法の規定はそれを防ぐために、女性は隔離されなければならないとか、女性の美しさは隠されなければならないといった方向に展開されていきます。性欲を煽るようなあらゆる物事を禁じなければならない、というのがイスラム教の基本的スタンスです。

２０１５年の年末から２０１６年の年始にかけてドイツ・ケルン中央駅周辺で発生した集団性的暴行事件では、５００件以上の被害届が出され、１０００人以上いるとされる犯人の大半はアラブ人イスラム教徒だといわれています。この事件について、ケルンのイスラム教指導者サーミー・アブーユースフはテレビ・インタビューで、「事件の責任は半裸のような格好で香水をつけてちゃらちゃらしていた女たちの方にある。男が彼女らを襲いたくなるのも無理はない」といってのけました。

コーラン第33章33節には女性について、「あなたがたの家に静かにして留まり、（イスラム教）以前の無明時代のように、派手ないでたちをしてはならない」、と記されています。これは概ね「女は基本的に家にいなければならず、やむをえず外出する際にも香水をつけたり、化粧をしたり、着飾ったりしてはならない」という意味に解釈されます。預言者ムハンマドは、「半裸のような格好で誘惑的に歩く神に従順ではない女性」は地獄に行くといったとも伝えられています。女性は常に、夫以外の男性の性欲を刺激しないように気をつけなければならないのです。女性たちが香水をつけたり、化粧をしたり、着飾ったりするのは、夫だけのためでなければなりません。こうした啓示的根拠もさることながら、同指導者の発言の根底にあるのは、女は「男を誘惑する悪魔」であるから安易に外出などしてはならず、外出する際には必ず慎み深い服装で美しさを覆い隠さねばならないという考えであり、従って慎み深い服装をしていない女は尊厳などない奴隷のようなものだから襲っても構わないのだ、という身勝手極まりない思い込みです。

現代のイスラム諸国は、セクハラ被害が極めて多いことで知られています。２０１７年にトムソン・ロイター財団が人口１０００万人以上の19都市を対象に行った調査では、女性の経済進出、セクハラ、医療機関の利便性、文化・宗教的慣行のいずれの面においても女性にとって最悪の都市はエジプトの首都カイロであり、次点はパキスタンのカラチだとされました。２０１２年にエジプトの女性団体が発表した調査によると、エジプト人女性の82％が街中や公共交通機関内で言葉による、あるいは肉体的なセクハラ被害にあったことがあると回答しています。他にも60％が暴言、殴打、教育を受けることの禁止といった様々なかたちの家庭内暴力をうけており、88％が割礼手術を受けており、38％が早婚を強制されたと回答しています。同調査は、これらの暴力の背景にある原因の第一は、女性の能力を低く見て女性の権利を規制することを当たり前だと考える習慣や伝統であると分析していますが、イスラム教徒人口が9割を占める同国において、このこととイスラム教における伝統的な女性観が無関係であると断言するのは困難です。

同調査では、91％の女性がどのような服装をしていたかはこうした暴力とは関係がない、と回答しているのも特徴的です。２０１７年現在、エジプトではイスラム教徒女性のほとんどはヒジャーブと呼ばれるスカーフで頭髪を覆い、長袖や丈の長いパンツもしくはロングスカートを着用し、顔と手先、足先以外は覆い隠す服装をしています。

イスラム教の聖典には、コーラン第24章31節「信者の女たちにいってやるがいい。かの女らの視線を低くし、貞淑を守れ。外に表われるものの外は、かの女らの美（や飾り）を目立たせてはならない。それからヴェールをその胸の上に垂れなさい。自分の夫または父の外は、かの女の美（や飾り）を表わしてはならない」に代表されるように、女性の慎み深さや服装に言及する明文が複数あります。しかしそれをどう解釈するかは人それぞれですし、服装についての社会的圧力の有無や、国で法制化された服装規定の有無によっても、イスラム教徒女性の服装には様々なバリエーションがあります。エジプト人女性のような格好をするイスラム教徒女性が全体としては多数派ですが、目を含む全身を黒い布で覆い隠す女性もいますし、頭髪をあらわにしミニスカートをはく女性もいます。しかしいくら女性たちが「イスラム教徒として慎み深い服装」をしても、一定数のイスラム教徒男性が、外出している女はそもそもみな蔑むべき存在なのだ、と見なしていることを示唆する例は数多くあります。

イスラム法は、「結婚できる関係性にある男女」が閉ざされた空間に二人きりでいることも禁じています。その論拠となっているのは、コーラン第33章53節「あなたがたが、かの女らに何ごとでも尋ねる時は、必ず帳の後からにしなさい。その方があなたがたの心、またかの女らの心にとって一番汚れがない」や、「自分が結婚できる関係性にある女と二人きりになってはいけない。そうすれば悪魔がそこにいる三番目の者となろう」という預言者ムハンマドの言葉です。なぜそれが禁じられるかというと、それによって男性の性欲が刺激され、姦通につながりかねないと考えられているからです。

「結婚できる関係性にある男女」というのは、簡単にいえば近親者ではない他人同士の男女という意味です。ところが現代は女性の社会進出が進み、職場でそうした男女が二人きりになる状況も少なくありません。2007年にこのような場合にはどうすればいいかと尋ねられたアズハル大学のイッザトゥ・アティーヤ教授は、「女性が同僚男性に自分自身の母乳を五口飲ませればよい」と回答し、大論争を巻き起こしました。

あまりにも荒唐無稽で信じがたいかもしれませんが、同教授はいたって真面目に回答しており、しかもその根拠はコーランとハディースに求められています。コーラン第4章23節には、男はその乳母と結婚することはできないと明示されています。また預言者ムハンマドは、女が男に五口、あるいは十口自身の母乳を飲ませれば、両者は結婚できない関係になると述べたと伝えられています。他人同士の男女でも、女が男に母乳を飲ませた瞬間、その女はその男の乳母になるため結婚できない、よってひとつところにいても性交する可能性は回避される、というわけです。

神の法たるイスラム法は、人間を姦通という大罪から遠ざけるために、女性の美しさを隠すことや女性の隔離を命じているので、女性の美しさがあらわになっていたり男女が混在していたりする状況は、時に神の法の信奉者たちにとっては神の秩序を冒瀆する耐えがたいものとして認識されます。

２０１５年11月パリ同時テロ後に「イスラム国」が出した声明では、パリが「淫蕩と悪の都」と描写されていました。攻撃対象とされたのはライブ会場、スタジアム、バーなどですが、どこでももちろん男女は混在しており、ほとんどの女性が髪や顔、手脚を露出させていたことでしょう。

バーというのは一般に飲酒を楽しむ場所であり、飲酒がイスラム法で禁じられていることはよく知られています。ライブ会場では音楽が演奏され、人々はそれを聴きながら共に歌ったり踊ったりするのが通例ですが、イスラム法はそういった行為も禁じています。音楽は性欲を煽り人を悪事へと駆り立てるものだとされており、そうしたものは見たり聞いたりしてはならないとされているからです。またスタジアムで開催されていたのはサッカーの試合ですが、厳格な解釈によるとサッカーもイスラム法では禁じられています。

２０１６年7月にテロ攻撃にあったバングラデシュ・ダッカの飲食店はベーカリー・カフェでしたが、犯行前、「イスラム国」戦闘員らは外国人客らが露出度の高い服装をしていることや、飲酒をしていることに不満を述べていたと伝えられています。普段通りの服装でお酒を飲んだり食事したりすること、ライブで音楽を楽しんだりサッカーの試合を観戦したりすることなど、私たちにとってはごく自然で健全な日常の様子も、「イスラム国」支持者のような過激派から見ると、淫らで不埒で絶対に許せないものにうつるのです。

神は人間に対してあるべき世界の姿を示し、やらねばならないこと、やってはならないことを具体的に命じました。それを守るのがイスラム教徒であり、守らないのが不信仰者です。イスラム教徒は神の命令に従い、世界中の人々が神の法に従うようになるまで不信仰者の討伐を継続しなければなりません。彼らにとっては、飲酒や男女の混交は目に見える不信仰の象徴であり、優先的に粛清すべき対象です。彼らが常にそういった場所のみを攻撃するわけではありませんが、そういった場所を攻撃する場合には、単に人を殺し恐怖を与えるだけではなく、神の命令、あるべき秩序を知らしめる宣伝効果も期待されます。

イスラム教徒の中に、「イスラム国」が直接命令を下したり資金や武器を提供したりせずとも、単独で自主的に攻撃を実行するいわゆるローンウルフ型テロリストが多く出現しているのは、彼らの目に世界が不正だとうつっているからであり、神が自分に対してそれを正すべく行動をおこせと命じていると自覚しているからです。その源にあるのは「イスラム国」独自の凶悪なイデオロギーではなく、世界18億人のイスラム教徒にあまねく聖典として信奉されているコーランであり、神の法として彼らを導くイスラム法です。「イスラム国」がしばしば、イスラム教徒の手にコーランがある限り敵への攻撃は続くと主張する理由は、そこにあります。

第6章　民主主義とは絶対に両立しない価値体系

「イスラム教徒の中には、近代的で世俗的な社会を拒絶する者がいる。彼らは特別な立場、つまり彼ら自身の宗教的意識に対する特別な配慮を要求している。これは現在の民主主義および言論の自由と両立しない。そこにおいて人々は、侮辱や皮肉そして揶揄に耐えなければならないのだ」

これは2005年9月、デンマークのユランズ・ポステン紙に掲載された同紙の文化担当編集長フレミング・ローズのコメントです。これとともに掲載されたのがイスラム教の預言者ムハンマドの風刺画12点であり、その後世界各地のイスラム教徒が抗議の声をあげる契機となりました。

デンマークのイスラム教団体は風刺画掲載を刑法違反だとして警察に告発、シリアやイラン、アフガニスタン、パキスタン、リビア、ナイジェリアなどではイスラム教徒による大規模デモが発生し、警官隊と衝突したり、デンマーク大使館が放火されたり、キリスト教会が襲撃されるなど暴力沙汰に発展し、死者もでました。ユランズ・ポステン紙の趣旨に賛同しその風刺画を転載したフランスのシャルリー・エブド紙は、その後も新たな預言者ムハンマドの風刺画掲載をたびたび行い、2011年には事務所に火炎瓶が投げ込まれ、2015年には武装勢力の襲撃を受け、銃乱射によって編集長や風刺画家ら12人が殺害されるという大惨事に至りました。

ユランズ・ポステン紙やシャルリー・エブド紙は元来、民主主義社会には宗教を風刺する自由があるという立場に立っていました。

しかしイスラム教徒はその立場をとらないどころか、風刺画を描いた人や掲載紙のみにとどまらず、民主主義自体に対する強い怒りと憤りをあらわにしました。なぜならイスラム教徒にとって預言者ムハンマドは最も尊敬すべき人物にして完璧な手本であり、彼を茶化したり風刺したりすることなどまったく思いもよらなかったからです。イスラム法においてはそうした行為は預言者ムハンマドへの冒瀆と見なされ、死刑が妥当と定められています。彼らにとってこの風刺画は単に「笑えない」というような次元の問題ではなく、彼ら自身とイスラム教そのものが冒瀆されたように感じる極めて深遠な問題として受け止められたのです。

このようにイスラム教は、宗教というよりは民主主義と対立する価値基準として認識したほうが理解しやすい場合というのが多々あります。少なくともイスラム教徒側がそう認識していることは、この問題についてデンマークで最初に抗議の声をあげたイスラム教指導者ラエド・ハラヘルが、「イスラム教は民主主義よりずっと優れた世界一の価値基準だ」と述べていることからも理解されます。

イスラム圏に信教の自由は存在しない

民主主義は信教や言論の自由を担保しますが、イスラム教はそうではありません。民主主義とはそもそも民衆が主権を持つという思想・政体ですが、コーラン第67章1節で明示されているように、イスラム教では神が主権を持つとされています。民衆たるイスラム教徒には新たな法を作ったり法を変更したりする権利は認められず、絶対者たる神の定めた法（イスラム法）にただ従うことが義務付けられています。そのかわり法を遵守して現世を生きた者は、報奨として来世で救済されることになっています。イスラム法においては預言者を風刺する自由など認められていません。

２００５年の風刺画騒動を受け、穏健派法学者として知られてきたユースフ・カラダーウィーはインタビューで、西洋人は絶対的自由があると信じているが、それは勘違いであって実はそんなものはない、西洋人と自分たちで異なるのはどのようなルールを採用しどこで線引きをするかという点においてだけだ、と述べました。何れにしてもルールがあるのなら、神が作ったルール、すなわちイスラム法に従うのが一番いいに決まっている、というのがイスラム教側の主張です。なぜなら現世で人間が作ったルールに従っても来世で何の報酬も得られませんが、神が作ったルールに従えば来世で救済されるからです。コーラン第2章２１２節には次のように記されています。「現世の生活は不信仰者たちにとっては魅惑的である。そしてかれらは信仰者たちを嘲笑する。だが（主に対して自分の）義務を果たす者は、復活の日にかれらの上位に立つであろう」。

イスラム教と近代の民主主義や自由主義との矛盾や摩擦は、しばしば国際政治の場で表出します。たとえばサウジアラビアは１９４８年、世界人権宣言の批准に際し、第16条（結婚の自由）と第18条（宗教変更の自由）に賛同できないという理由で棄権しました。

第16条1項には「成年の男女は人種、国籍又は宗教によるいかなる制限をも受けることなく、婚姻し、かつ家庭をつくる権利を有する」とありますが、イスラム法は異教徒との結婚には制限を設けています。また同項には続けて、「成年の男女は、婚姻中及びその解消に際し、婚姻に関し平等の権利を有する」とありますが、イスラム法では夫と妻の有する権利・義務は異なるものとして規定されていますし、離婚の条件も両者で異なります。さらに第16条2項には、「婚姻は、婚姻の意思を有する両当事者の自由かつ完全な合意によってのみ成立する」とありますが、イスラム法では婚姻は妻の身分後見人と夫が締結する契約であると規定されており、妻の意思は基本的に勘案されていません。

また第18条には次のように記されています。「すべて人は、思想、良心及び宗教の自由を享有する権利を有する。この権利は、宗教又は信念を変更する自由並びに単独で又は他の者と共同して、公的に又は私的に、布教、行事、礼拝及び儀式によって宗教又は信念を表明する自由を含む」。一方、イスラム教には信教の自由はありません。心の中では何を信じようと咎められることはありませんが、それを表明する自由はないのです。異教徒がイスラム教に入信するのは大いに歓迎しますが、一度イスラム教徒になった者が信仰を棄てることは決して許しません。棄教者には地獄行きが決定づけられるため、イスラム法が棄教を禁じるのは当然です。イスラム教では、イスラム教徒の子どもは生まれながらにイスラム教徒であるとも規定されています。こちらに関しても当然棄教は禁じられます。

イスラム教に入信するのは実に簡単です。二人の成年男性イスラム教徒の前で「ラー・イラーハ・イッラッラー、ムハンマダン・ラスールッラー」と唱えればいいだけです。これは「アッラーの他に神なし、ムハンマドは神の使徒」という意味のアラビア語です。入信のためにはアラビア語で唱える必要がありますが、入信者がアラビア語を知らない場合には証人となる人が唱えた文句を復唱すればいいので、なんら難しいことはありません。

実は本来的には、イスラム教徒になるためにはこの儀式すら必要ありません。この儀式はあくまで人間社会において互いをイスラム教徒と認め合うために必要とされるものであって、ある人が神を信じ神の命令に従うと心に決めたなら、その瞬間から神はその人をイスラム教徒と見なすと信じられています。米ラスベガスで２０１７年10月に発生した近代米国史上最悪の銃乱射事件（58人死亡）の犯人について、「イスラム国」は

「6ヶ月前にイスラム教に入信した」人物が実行したと発表しましたが、いくら当局が「改宗説」を否定したところで、支持者らは「いやいや、お前たちに本当のことはわからない。真実は神のみがご存じ」、とほくそ笑むのです。

イスラム教の教義においてはイスラム教が唯一の正しい宗教であるとされるため、他の宗教は全て劣位におかれ、異教徒が自由に儀礼行為を行うことも禁じられます。そもそも異教徒の中でも多神教徒は征伐の対象ですし、ユダヤ教徒とキリスト教徒は人頭税を支払えば信仰を保持することは認められますが、教会を建設したり、十字架を掲げたり、布教したりといった、異教の信仰を外に晒す行為は一切許されません。

このようにイスラム法の規定に忠実であろうとすることは、世界人権宣言のように普遍的な人権や自由を認めるイデオロギーとは矛盾します。しかしサウジアラビアのように、そのことを外交の場ではっきりと正直に表明する国は多くはありません。このことはエジプトやシリア、イランなど、多くのイスラム教諸国が世界人権宣言を批准していることに見てとれます。理由はいくつか考えられますが、ひとつには、それを批准しないことによって西洋諸国から「遅れた国」とか「野蛮な国」といった誹りをうけるのを免れたい、という意識が働いた可能性があります。今の世界で、特に国際外交の場において、「イスラム法は西洋的な意味での信教の自由を認めていない」とか、「イスラム法は男女の権利義務の平等を規定していない」とか主張することは、実に「勇気のいる」ことなのです。

カラダーウィーは、コーランに預言者ムハンマドを描くことを明示的に禁じた章句はないものの、信者の心の中にある理想像を偶像によって損なわせないためにスンナ派ではそれを禁じている、と説明しています。風刺画を描くというのは預言者ムハンマドを不当に扱いイスラム教徒を侮辱する行為であって、こうした侮辱は、未だに西洋人がイスラム教徒のことを植民地時代のように支配できると思い、偏見を持っていることに由来しているのだ、とも批判しています。

カラダーウィーのように、西洋のスタンダードである民主主義、人権、自由、平等といったイデオロギーをイスラム教徒も受け入れるのが当然だというスタンスに強く反発するイスラム教徒は少なくありません。西洋人が信じているほどには、西洋の普遍主義に普遍的価値はないのです。イスラム教徒から見ると、普遍主義の普遍性を当然のものとして振りかざす西洋人は鈍感であり、かつ傲慢とうつります。「みんな自由を求めているにちがいない」と決めつけられるのは、イスラム教徒にとっては迷惑なのです。イスラム教徒が絶対服従を誓う神は、人間の産物である普遍主義など軽く凌駕する異次元の存在であり、その神が定めたルールに従うことで得られる充足感、そうすれば必ず来世で救済されるという安心感こそ、彼らが求めているものなのです。イスラム教の論理において、イスラム教徒ではない西洋人は真理を受け入れず地獄行きを決定づけられた愚かな異教徒と規定されています。

手首切断も石打ち刑も世論の大半が支持

とはいえ、イスラム教指導者たちはイスラム教に民主主義や自由という観念はない、と主張することはまずありません。彼らは往々にして、イスラム教の中には民主主義の考え方がそもそも備わっているとか、イスラム教の中で神が認めてくださっている自由は西洋の自由よりも価値として優越している、といった議論を展開します。一例として、民主主義は西洋由来とされているものの実はコーランの中で既に言及されており、イスラム教の中にはもともと民主主義が根付いているのだ、と主張される場合が多くあります。具体的には、コーラン第42章38節で「互いに事を相談し合い（シューラー）執り行う者」が賞賛されているのを根拠に、シューラー制度こそイスラム的民主主義なのだとされます。自由についても、神は人間に対し自らに従うかどうかを選択する自由を与えている、と主張されます。その自由は当然責任も伴いますが、それを引き受けることによって来世で救われるという報奨が約束されています。イスラム教徒にとっての自由とは、この「神が与えてくださった自由」なのであり、人間の考え出した来世での保証を伴わない自由など、自由と呼ぶに値しないのです。

ですから彼らは、本章冒頭で引用したローズ編集長のコメントにある「現在の民主主義および言論の自由（中略）において人々は、侮辱や皮肉そして揶揄に耐えなければならないのだ」という前提に対して、大きな声で「ノー」といったのです。イスラム教徒は一般的に、西洋で普遍的と考えられているような意味での民主主義も言論の自由も認めませんから、当然イスラム教や預言者に対する侮辱や皮肉、揶揄に耐えなければならないなどとは考えません。「あなたの血、財産、名誉は侵してはならない」というハディースに示されているように、イスラム教ではむしろ守るべきは名誉であると考えられています。ですから基本的に他人を侮辱することは認められませんし、尊敬と模倣の対象である預言者ムハンマドを侮辱してはならないのはいうまでもありません。

このように前提とする価値基準が異なっているのですから、議論が嚙み合わないのは当然です。イスラム教徒は実に誇り高い人々です。カラダーウィーの見解に示されているように、西洋由来のイデオロギーをイスラム教徒に押し付け、それでイスラム教徒を支配できるなどとは努努《ゆめゆめ》思うなよ、と憤りを隠さないイスラム教徒は少なくありません。

2015年のシャルリー・エブド紙襲撃事件後にBBCが在英イスラム教徒に対して実施した調査では、78%の人が預言者ムハンマドの風刺画掲載について非常に不快に感じたと回答しています。そして11%の人が風刺画を掲載した組織は攻撃されてもやむを得ないと回答、24%の人が風刺画を掲載した人物への暴力は絶対に正当化されないとはいえないと回答しています。在英イスラム教徒のおよそ4人に3人は風刺画掲載に怒り、4人に1人がシャルリー・エブド紙襲撃は正当化されうると考えているわけです。

節度をわきまえなければならないとはいえ、宗教に対するある程度の風刺は許されてもいいのではないかと考えたり、どんな理由であれテロ攻撃は許されないと考えたりする、そういった私たちの感覚と、イスラム教徒の感覚がかなりずれていることを、こうした調査結果が示しています。私たちの「あたりまえ」は必ずしも、彼らにとっての「あたりまえ」ではないのです。

２００５年の風刺画騒動当時アズハル総長であったムハンマド・サイイド・タンターウィーは、「神や預言者を冒瀆する者は、世界のどこであれ国連加盟国の全てにおいて厳しく罰せられるべき」と発言しています。この背景には、「預言者を冒瀆する自由」などというものを標榜する西洋流民主主義にかわり、イスラム的秩序こそが世界にあまねく行き渡らなければならないのだ、という確信があります。イスラム教は創造主である神の全知全能性を前提としているので、神の知識や認知と神の被造物である人間の知識や認知とは決定的かつ圧倒的に異なると考えます。ですから人間の産物たる西洋流民主主義より神が啓示したイスラム教のほうが優越していることなど、議論するまでもない当然の真実なのです。

しかし現実には、デンマーク警察はユランズ・ポステン紙が刑法違反を犯したとするイスラム教団体の告発をうけて開始した捜査を打ち切り、フランスの裁判所はシャルリー・エブド紙が「イスラム教とテロとを結びつけるかのような印象を与える漫画を掲載した」とするイスラム教団体の訴えを退け、同紙編集長に無罪判決を下しました。デンマークもフランスもイスラム法によって統治されているわけではないので、当然といえば当然の帰結です。

他方、場所が変われば法判断も異なります。パキスタンの対テロ裁判所は2017年6月、Facebook上で預言者ムハンマドを冒瀆したとして、30歳のパキスタン人男性被告人に死刑判決を下しました。なぜならパキスタンの刑法では、預言者を冒瀆した者は死刑だと規定されているからです。これはイスラム法に由来する規定です。

国際人権団体のアムネスティ・インターナショナルはこの判決をうけて、「表現の自由や信教の自由という権利をインターネット上で平和的に行使したというだけの理由で、人が法廷で裁かれることがあってはならない」という声明を発表し、パキスタン当局を批判しました。しかし既述のように、イスラム教には基本的に西洋的な表現の自由も信教の自由もありません。アムネスティの側が「あって当然」と認識しているものがそもそもないのですから、この種の批判は糠に釘です。

アムネスティの発表によると、2016年に世界で執行された死刑の数は少なくとも1032件あり、国別に見ると多い順に中国、イラン、サウジ、イラク、パキスタンとなります。中国を除くと他は全てイスラム教国であり、刑法にイスラム法の極刑を取り入れている国であるのが特徴的です。しかし死刑件数だけを見て、これらの国々で施行されている法が人権無視であるとか、市民に対して抑圧的であるとか西洋的価値観に立脚して一方的に批判したところで、議論はすれ違うばかりです。

ピューリサーチセンターは２００８年から２０１２年にかけて、世界39カ国のイスラム教徒３万８０００人を対象に、彼らがイスラム法をどのように認識しているかについての大規模な調査を実施し、２０１３年にその結果を公表しました。

それによると、「窃盗者の手首を切断する」といったイスラム法上の法定刑を執行すべきだと回答した人はパキスタンで88％、アフガニスタンで81％、パレスチナ自治区で76％、エジプトで70％にのぼっています。東南アジアや中央アジア諸国の数値はこれほど高くはありませんが、それでもマレーシアでは66％、キルギスでは54％、タイでは46％、インドネシアでは45％のイスラム教徒が法定刑を執行すべきだとしています。

姦通者に対する石打ち刑に限ると、執行すべきだと回答した人はパキスタンで89％、アフガニスタンで85％、パレスチナ自治区で84％、エジプトで81％と高い割合を示しています。棄教者に対する死刑についても、エジプトでは86％、ヨルダンでは82％、アフガニスタンでは79％、パキスタンでは76％、マレーシアでは62％が執行すべきであると回答しています。このように、イスラム法上の法定刑執行を支持する一般のイスラム教徒はかなりの割合に達します。

東南アジアではここ数年、地域や国レベルで新たにイスラム刑法を導入、施行する動きが見られます。ブルネイは２０１４年にイスラム刑法の施行を発表、施行は３段階にわたって実施されるとし、同年5月の第1段階においては、ラマダン時の公共の場での飲食・喫煙の禁止、異教徒の公共の場での飲酒の禁止、結婚できる間柄にある男女が閉鎖された空間にいることの禁止、姦通の禁止、同性愛行為の禁止、ふしだらな行為の禁止といった規定が施行されました。しかし姦通や同性愛行為には棒打ち刑か懲役刑が定められており、石打ち刑は適用されていません。

インドネシア政府はアチェ州におけるイスラム法施行を認めています。アチェにはイスラム法廷が設置されており、姦通、窃盗、飲酒、背教、同性愛行為などの禁止行為を行った人に対し、公衆の面前で鞭打ち刑などの刑罰が執行されています。こうした刑罰は金曜日の集団礼拝後モスクの前で執行されるのが通例であり、その様子はテレビ中継されることもあります。インドネシアには、イスラム法施行をインドネシア全土に拡大させることを目標として掲げている団体が複数存在します。

現在のイスラム諸国では一般に制定法が施行されており、イスラム法は「法源」として位置づけられたり、あるいは一部のイスラム法規定が制定法の規定として採用されたりしているものの、イスラム教の理念どおりにイスラム法によって統治されている国はありません。ピューリサーチセンターの同調査によると、現行の制定法がイスラム法に従っていないのは悪いことであると回答した人は、パキスタンで91％、アフガニスタンで84％、パレスチナ自治区とバングラデシュで83％、モロッコで76％にのぼっています。またイスラム法を国の法にすべきだと回答した人は、アフガニスタンの99％、イラクの91％、パレスチナ自治区の89％、マレーシアの86％、モロッコの83％、バングラデシュの82％、エジプトの74％と、多くの国でかなり高い割合にのぼっています。

こうした回答の背景にも啓示的な根拠があります。コーラン第7章3節には、「人々よ、主からあなたがたに下されたものに従い、かれ以外の保護者に従ってはならない」と記されており、この「下されたもの」とはコーランであり、それを法として体系化したところのイスラム法であると解釈されています。第5章44節にも、「神が下されたものに従って統治しない者は不信仰者である」とはっきりと記されています。他にも同様の趣旨の章句は複数ありますし、イスラム教徒は一般にこのことをよく知っています。「イスラム国」やアルカイダなどがイスラム教徒に対して既存の国家や制定法、政府に従ってはならないと警告する際、頻繁に引用するのがコーラン第３章１４９～１５１節です。そこには次のように記されています。「信仰する者よ、あなたがたがもし不信仰者に従うならば、かれらはあなたがたの踵を返させ、失敗者に後戻りさせるであろう。いや、神こそは、あなたがたを愛護し、また最も優れた援助を与えられる方であられる。やがてわれ（神）は、不信仰者の胸の中に、恐怖を投げ込もう。それはかれらが、何の権威も授けられていないものを、神と同位に崇めたためである。かれらの住み家は業火である。不義を行う者の住まいこそ哀れである」。

要するにイスラム教徒の多くは、「何の権威も授けられていないもの」にすぎない国家や制定法に従うことはイスラム教に反すると知りながら、それらに従って暮らしている、というのが実情なのです。多くのイスラム教徒はこの現状を甘受していますが、「イスラム法を国の法にすべきか」と尋ねられれば、もちろんそうだと回答するのがイスラム教徒としては当然の態度です。こうした中、「イスラム法を施行する」と鳴り物入りで宣言したのが「イスラム国」です。「イスラム国」に限らず、いわゆるイスラム過激派が目標として掲げるイスラム法による統治は、イスラム教徒であれば当然賛同すべきイスラム教の理念なのです。

西洋諸国で暮らすイスラム教徒についても、少なからぬ割合の人々がイスラム法施行を支持していることを示す調査結果があります。フランスの調査会社Ｉｆｏｐが２０１６年に在仏イスラム教徒に対して行った調査によると、29％の人が「フランス共和国法よりもイスラム法の方が重要である」と回答しています。この調査では過激派と認定されるイスラム教徒は調査対象外としており、回答者は基本的に穏健派と見なされるイスラム教徒に限られています。

イスラム諸国のイスラム教徒と同様に、フランスのイスラム教徒にとっても、制定法の施行されている地に自分が生きていることは一種の不可抗力です。事情はどうあれフランスに生きている以上フランス共和国法を最も尊重しなければならないと考えるイスラム教徒もいますが、どこにいようとイスラム法を重視すべきであるとか、イスラム法だけに従うべきであると考えるイスラム教徒がいても不思議ではありません。

同調査では、60％の在仏イスラム教徒が学校や大学で女性が頭髪を覆い隠すスカーフの着用が認められるべきだ、と回答していることも報告されています。フランスという国はそもそも「不可分で、非宗教的で、民主的で、社会的な共和国である」と憲法第１条に規定されています。学校におけるスカーフ着用はこの「非宗教性」の原則に反するとされ、２００４年に公立学校で生徒が宗教を誇示するような標章を身につけることを禁じる法が公布されて以降、明示的に禁じられるようになりました。同調査結果が明らかにしたのは、60％のイスラム教徒がこの原則や法に不服だということであり、「フランス共和国法よりもイスラム法の方が重要である」とは回答していない人の中にも、実はそう考えている人が多くいるであろうことを示唆しています。

ドイツのメルケル首相は２０１６年12月、「国の法はイスラム法よりも優先される」と演説で述べました。少なくとも今の時点で、日本の首相が公の場でこうした趣旨の発言をする状況を想像するのは難しいですが、ヨーロッパでは国のトップがそう発言しなければならないほどこの問題は深刻なのです。

主権在民ではなく主権在神、人間は神の奴隷

イスラム教において人間は全知全能の神が創造した被造物とされており、創造者たる神は主人、被造物たる人間はその奴隷と位置づけられています。人間は奴隷ですから、主人である神の命令には絶対に従わなければなりません。しかし神は、その都度人間ひとりひとりに命令を下すような存在ではありません。神はムハンマドを最後の預言者と

して選び、人間に伝えるべきことはコーランの啓示によってすべて伝えつくしたと述べています。最後の啓示とされるコーラン第5章3節には、次のようにあります。

「今日われ（神）はあなたがたのためにあなたがたの宗教を完成し、またあなたがたに対するわれの恩恵を全うし、あなたがたのための宗教としてイスラム教を認承した」

「人間は神の奴隷」などというと、それを聞いただけで拒否反応を示す人も多いでしょうが、イスラム教徒にとってこれは全く屈辱的なことではなく、彼らは自分たちが神の奴隷であることをむしろ誇らしく思っています。それ以前に、イスラム教徒はまず自分が神の奴隷であることを知り、奴隷たる自分の立場を認識しなければならないとされています。その上ではじめて、神が今この瞬間、自分に対して行うよう求めている行為は何かと常に考える、イスラム教特有の思考が成立しえます。


イスラム教徒男性にはアブドとつく名前の人が多くいますが、アブドとはアラビア語で奴隷の意味です。アブダッラーという名前は「神の奴隷」という意味ですし、アブドゥルアズィーズという名前は「力強いお方（＝神）の奴隷」という意味です。サウジアラビアの前の国王の名前はアブダッラー・ブン・アブドゥルアズィーズですが、これを日本語に直訳すると「神の奴隷の息子の神の奴隷」となります。この名前は、お父さんも「神の奴隷」、自分も「神の奴隷」という意味であり、ここにはイスラム教徒にとって自分が神の奴隷であること、そしてそれを外に知らしめることの重要性、意義深さが象徴されています。彼らは「私は『神の奴隷』です」と名乗ることにより、自分は自分の意思ではなく神の意思に従って生きているのだ、と表明しているのです。これは、自分は地上のどんな人間も価値も「主」として崇めたりはしないという、実に堂々たる宣言なのです。

イスラム教はそれ自体が完成された宗教であるだけではなく、宗教の最終形でもあります。ムハンマドは最後の預言者とされているため、新たな預言者が神によって選ばれ、新たな啓示が下されることは想定されていません。コーランと預言者ムハンマドの言行録から演繹的に導出され体系化されたのが、イスラム法です。ですから人間が神への服従義務を果たすためには、イスラム法に従えばよいということになります。イスラム法が神の法といわれる所以はそこにあります。

イスラム法は完全無欠の法ですから、人間がそれを変更したり、廃止したり、別の新しい法を作ったりすることは禁じられています。時代や場所が変われば法もまた変わる、という考え方はイスラム法にはありません。ですから、古典的なイスラム法規定が今でも有効性を失うことなく生き続けています。ただし法規定の適用の仕方には可変性も多様性もあります。たとえばイスラム法の中には、人々の慣行を勘案して判断を下すべきだという事案がいくつかあります。慣行というのは時代や地域が異なれば当然異なります。ゆえにこうした事案については、各々慣行に従って判断が下されればよいとされます。

イスラム教の完全性と比較し、人間の産物である西洋的民主主義の不完全性を示す事例は数多くあり、そのひとつとしてロヒンギャの窮状があげられます。

長年軍事政権によって支配されてきた仏教国ミャンマーでは２０１５年、「民主的」な選挙で「民主化」勢力が勝利し、２０１６年春にはアウンサンスーチーが実権を握る新政権が誕生、国際社会もこれを歓迎しました。一方同年秋以降、西部ラカイン州に居住するイスラム教徒の少数派ロヒンギャに対する仏教徒の暴力行為が増加、「国境なき医師団」の報告によると、２０１７年8月以降最初の１ヶ月間だけで６７００人のロヒンギャが殺害され、同年末までに60万人以上のロヒンギャが隣国バングラデシュに避難しました。

アウンサンスーチーの掲げるスローガンは「仏教の慈悲・慈愛」であり、１９９１年には長年にわたる「ミャンマーの人権と民主主義確立のための非暴力闘争」に対してノーベル平和賞を受賞しました。しかし彼女を支持するミャンマー国民のほとんどは、軍によるロヒンギャの「過激派掃討作戦」を全面的に支持する仏教徒です。それゆえメディアは概ね、アウンサンスーチーがロヒンギャ弾圧を黙認しているのは、仏教徒からの支持を失わないためだと非難しているのです。

イスラム教徒から見ると、ロヒンギャの窮状は「民意」を背景とする政治の欠陥の象徴です。彼らの論理は、だから「神意」に基づいて政治を行わなければならないのだ、という方向に帰結します。アズハル総長は、「虐殺されているのがユダヤ教徒やキリスト教徒、仏教徒だったら世界はもっと早く行動を起こしていたはずだ」とする声明を発表し、これが世界規模での「イスラム教いじめ」であるとすら示唆しています。西洋諸国やメディアがミャンマー政権を非難しているのは、自分たちが「イスラム教いじめ」に加担してなどいないことを示したい思惑ゆえだとイスラム教徒は勘ぐっています。結局のところ、彼らは異教徒がイスラム教を攻撃しているという思いだけを強めるのです。

他方イスラム教の完全性については、科学的側面からもそれが裏付けられていると主張されることが度々あります。

一例を挙げるなら、母体内の胎児の発達過程について科学的に明らかにされたのは20世紀になってからですが、１４００年前にコーランが啓示された際、それはすでに解明されていたのだ、といった具合です。コーラン第23章12～14節には、「われ（神）は泥の精髄から人間を創った。次に、われはかれを精液の一滴として堅固な住みかに納めた。それからわれは、その精滴をひとつのアラカに創り、次にそのアラカからムドゥガを創り、次いでそのムドゥガから骨を創り、次に肉でその骨を覆い、それからかれを他の生命体に創り上げた」と記されています。

アラカとは「ぶらさがったもの」とか、血の塊という意味のアラビア語であり、実際胎芽は母親の子宮内膜にぶらさがった状態にあって、またその外観は血の塊に見えることが判明している、つまりアラカというのは胎芽の状態を極めて正確に示す言葉であると説明されます。またムドゥガとは「かみ跡のついたもの」という意味のアラビア語であり、確かに一ヶ月くらい経過した胎児の姿は歯型のついたガムのような形状をしている、と説明されます。そしてこれらは、コーランが間違いなく神の啓示であり人間の産物などではないことの証拠である、と結論づけられます。

他にも天体が太陽の周りを公転しており地球の軌道が楕円であること（コーラン第36

章37～40節）、高度が上がると気圧が下がるため人間が呼吸困難になること（第6章125節）、ビッグバン理論（第21章30節、第51章47節）、地球に裂け目があること（第86章12節）、月に裂け目があること（第54章1節）といった宇宙に関する事柄から、ハエは食べ物を吸い取るとすぐさま消化吸収してしまうこと（第22章73節）、働きバチが基本的にメスであること（第16章68～69節）、葉緑素の存在（第6章99節）など自然科学に関することまで、あらゆることが1400年前のコーランの啓示によって既に明らかになっていると主張されます。

ですからイスラム教徒の知識人たちは、「イスラム教は民主主義を否定している」と批判されると、「いや、否定などしてない。イスラム教には西洋由来の民主主義などよりずっと正統な、神によって規定された民主主義がある」と反論します。そして「イスラム教は神などという万能理論を持ち出して科学の発展を阻害している」と批判されると、「いや、科学の発展を阻害するどころか、イスラム教においてはその成果が1400年前に啓示によって既に示されている」と反論します。さらには、科学の発展によってむしろコーランが真に神の啓示であり、イスラム教こそが唯一の正しい宗教であることが証明されたのだと主張します。

イスラム教にはイスラム教の論理があり、その枠内においてそれは実に完成され、調和がとれています。しかしだからこそ、それを共有しない人が彼らと議論をしようとしても、なかなかかみ合いません。これはイスラム教徒の側からも同じことがいえます。西洋の論理に則ってイスラム教を批判してくる人に対しては当然、議論のかみ合わない、話のわからない人だという評価が下されます。

イスラム教が完成された宗教で、その中にすべての答えが既に用意されていることは、イスラム教徒ひとりひとりにとっても非常に重要な意味があります。

人間は一定の年頃になると、「自分はなぜ生まれたのか」とか、「何のために生きているのか」といった根源的な深い悩みに直面することがままあるものです。そしてこうした悩みには通常、明解な回答などありません。多くの人は、悩みは悩みとして抱えながら、あるいは考えながら、生きていくのが通例です。

しかしイスラム教は、こうした根源的な問いにも明解な回答を提示します。私はなぜ生まれたのかと問えば、神がそれを望んだからだと返答され、私は何のために生きているかと問えば、神を崇拝するためだと返答されます。人が自分をどう評価しているか、と悩むこともなくなります。なぜならイスラム教徒にとって気にすべきは神からの評価のみであり、他人からの評価などもはや何の意味ももたなくなるからです。つまりイスラム教徒になりさえすれば、これらの根源的な問題から永遠に解放されるのです。

イスラム法は人間生活の全てを規定していますから、やらなければならないこと、やってはいけないことも、全て定められています。それだけでなく、やったほうがいいこと、やらないほうがいいこと、やってもやらなくてもどちらでもいいことまで、定められています。何が善で何が悪なのかの判断に迷ったり悩んだりする必要もありません。イスラム教は、ものごとはそれ自体としては善でも悪でもなく、神が善としたものが善であり、悪としたものが悪なのだとする立場をとります。人間が理性によって下す判断は、判断をする人や状況によっていくらでも異なりますし、矛盾します。だから、善悪の判断基準は理性ではなく啓示に求められるのです。イスラム教においては、理性は啓示のような判断の源ではなく、啓示から判断を導出するための道具であると見なされています。

1日5回の礼拝はやらなければならないことだと規定されているため、実施すれば善を行ったことになるので天国に一歩近づき、実施を怠れば天国から一歩遠ざかると信じられています。礼拝は神と人間のあいだの取り決めなので、怠ったからといってこの世で何らかの罰を受けるわけではありません。また病人や老人、旅人に対しては、礼拝の短縮やまとめての実施、省略なども認められています。礼拝は義務ですが、それをどの程度果たすかは信者ひとりひとりの決定に委ねられています。これも神から人間に与えられた「自由」の一環です。ですからイスラム教徒の中には、全く礼拝をしない人というのもいます。しかしどんな人も、自分が生前におこなった全行為の総決算として終末の日に下される審判の結果を受け入れなければなりません。

逆に飲酒はやってはいけないことと規定されています。飲酒をすると悪を行ったことになるので、天国から一歩遠ざかるだけではなく、むち打ち刑に処されます。飲酒者に対してむち打ち刑を執行せよというのは、それ自体が神の下した命令なので、それを執行しないと飲酒者ではなく、刑を執行すべき政治権力者が義務を怠った（悪を行った）とされます。現在のイスラム諸国の中にも、サウジアラビアやイランのように飲酒を全面的に禁じる国があるのは、この規定と関係しています。

しかし現実世界に目を向けると、飲酒するイスラム教徒は少なくありません。トルコのイスタンブールでは、昼間からオープンテラスでワインを飲むイスラム教徒女性の姿も見られます。以前そうした女性にインタビューをしたところ、「イスラム教に強制はないの。だから私はスカーフもかぶらないし、お酒も飲むわ」といっていたのが印象的でした。彼女の主張の根拠になっているのは、コーラン第2章256節「宗教に強制なし」です。コーラン第5章90節には「あなたがた信仰する者よ、まことに酒と賭矢、偶像と占い矢は、忌み嫌われる悪魔の業である。これを避けなさい」とあり、飲酒が明示的に禁じられていますが、この女性のように「宗教に強制なし」を持ち出して飲酒を正当化するイスラム教徒は稀ではありません。

ここに示したコーランのふたつの節は、相互に矛盾しているように見えます。しかしそれは、コーランをよく知らない人間が表面にだけとらわれているからそう見えるだけで、よく調べれば一見矛盾していると思われる部分はすべて調和し整合性がとれているのだ、というのがイスラム教の論理です。全知全能の神が矛盾した啓示を下すはずはなく、それが矛盾しているように見えるのはもっぱら人間の浅慮によるものだと考えられています。

ジハードもやらなければならないことのひとつです。ジハードはどんな小さなものであっても必ず報いられます。なぜならコーラン第9章120節に、「かれら（イスラム教徒）が神の道のために渇き、疲れ、餓えに会う度に、また不信者を怒らせる行に出向く度に、敵に何らかの打撃を与える度に、かれらに対してそのことが善行として記録される。本当に神は、正しい行いの者への報奨を無益にされない」と記されているからです。

「イスラム国」などのイスラム過激派が行っているのは、イスラム教徒全てに対する「一緒にジハードを戦おう」という呼びかけです。彼らはシリアやイラクなどで無辜の同胞がキリスト教徒に惨殺されているという事実を強調した上で、ジハードの命令、さらに殉教者に対する神の報いを思い起こさせます。それによって不特定多数のイスラム教徒をジハード実行に立ち上がらせるのが彼らの目的です。

通常、人にジハード実行を思いとどまらせる理由は、一般に「この世のしがらみ」です。いくらジハードがイスラム教において義務とされる聖戦であっても、制定法や国際規範上は不特定多数の人を殺傷するテロ行為であり犯罪と見なされます。残された家族にも当然、多大な迷惑がかかります。そもそも不特定多数の人を殺傷するなんて、それ自体が非常に恐ろしい行為です。「イスラム国」はこれに対し、神の法だけに従う者が救済される、残された家族についても神がよく取り計らってくださるので心配はいらない、人間が畏れるべきは神のみである、と諭します。彼らの発言にはいちいち啓示的根拠があるのが非常にやっかいです。

ですから逆に「この世のしがらみ」から解き放たれたいと希求する人にとっては、イスラム教は最適な選択肢のひとつであるといえます。イスラム教は完全に自己完結した論理体系を持ち合わせていますから、「この世のしがらみ」を断ち切りその体系内に飛び込みさえすれば、あとはひたすら神を信じ自分を神に委ねればいいだけです。

イスラム教に改宗した人の中には、「何のために生きているのか」といった根源的問いについて考え続けた結果イスラム教という答えにたどり着いたという人や、あらゆる宗教や思想について学んだ結果イスラム教が最も正しい道であると確信したという人が少なくありません。神と信者とが聖職者などを介することなく直接的に向き合うというイスラム教のあり方に感銘した、という人もいます。イスラム教は間違いなく、そうした魅力をもつ宗教でもあるのです。

第7章　イスラム社会の常識と日常

「私のバイト先のとんこつラーメン屋には、イスラム教徒の常連さんがいるのですが、あれは大丈夫なのでしょうか？」

ある時、学生さんのひとりがこのように質問してきました。聞けばその人は、彼女と顔なじみになり親しくなってから、自分は実は改宗した日本人イスラム教徒だと告白してきたそうです。彼曰く、自分はとんこつラーメンが大好物でイスラム教に入信してからもどうしてもやめられないのだが、心の中で神を信じてさえいれば、豚を食べるとか食べないとか、そんな些細なことを神は気にしたりしない、とのこと。私は彼女に対し、それが大丈夫なのかどうかは神が判断することだ、と答えました。

イスラム教徒は豚を食べてはならないことになっています。なぜならコーランの中で、神が豚を食べることを明示的に禁じているからです。イスラム諸国で生まれ育ったイスラム教徒は、周囲にそもそも豚というものが存在しないので、生活をする上でほとんど何の支障もありません。しかし改宗イスラム教徒やイスラム諸国以外で暮らすイスラム教徒の中には、「神が禁じているのは豚肉であって豚骨ではない」と主張してとんこつラーメンを食べるのをやめない人もいれば、私の知人のように「サラミとハムとソーセージは豚ではない」と自分で勝手に規定して食べる人もいます。豚を食べたからといって彼らはこの世で罰を受けることはありません。それが裁かれるのは最後の審判の時です。「とんこつラーメンくらいならよし」と神がいってくださるかどうかは、その時になるまでわからないのです。

ハラール認証は誤解されている

イスラム教は食べ物について厳しいルールを定めているというイメージをもたれがちですが、実はそれほど厳しいわけではなく、「禁じられているもの（ハラーム）以外は許されている（ハラール）」というのが基本ルールです。禁じられているものとは、血、豚、酒です。また病気や事故で死んだ動物の肉、所定の方法で処理されていない動物の肉は、豚以外であっても食べてはならないことになっています。しかしそれ以外は食べてよいわけですから、日本でも数年前から広まり始めた、イスラム教徒が食べてもよいものにハラール・マークをつけるという「風潮」は、必ずしも正しくありません。イスラム教徒はハラールと認定されたものだけを食べていいのではなく、ハラームだけを食べてはならないのです。

しかもハラールの認定基準はイスラム法に基づくものである以上、当然多種多様であり、全く統一されていません。ハラール認定が広まり始めたばかりの日本ですらその認定機関は100以上あるとされており、それぞれが各々の基準で要望する日本企業の製品やレストランなどに対してハラール認定を行っています。認定機関急増の背景には、それ自体がビジネスとして成立しているという事実もあります。日本企業やレストラン側は、ハラール認定を受けることで在日イスラム教徒や外国人観光客などを顧客としてとりこめると目しているのでしょうが、そもそもイスラム教徒がみなその認証を求めているか、そしてそれを信用しているかというと、必ずしもそうではありません。

イスラム教徒が多数を占める地域に暮らしている場合には、基本的に食べ物はすべてハラールであり、それらにいちいちハラール・マークがつけられているわけではありません。逆に、外国人や異教徒向けのレストランで豚肉が使用されている料理には、それがハラームであるとメニューに明示されていることはあります。

　イスラム教徒が少数派である地域に暮らす場合や、そこに旅行などで行く場合には、個々人で原材料に気をつけたり、外食する場合にはトルコ料理屋やパキスタン料理屋などイスラム教徒が経営し調理している蓋然性の高い店を選んだりするのが通例です。もちろん、イスラム教徒であっても豚も食べるし酒も飲むという人もいれば、肉にしても本当に正しいやり方で処理されたものだけを食べたいとこだわる人もいます。しかし後者のような人は、誰がどんな基準で定めたのかわからないハラール・マークなど信用しないでしょうし、日本のように多神教の支配する国に遊びに来たりはしないでしょう。イスラム法ではそもそも、特別な必要性もないのに不信仰の地に行くことは禁じられています。

　マレーシアのように国レベルでハラール認証が流通しているところもありますし、インドネシアでは国が宗教省管轄のハラール製品保証庁（ＢＰＪＰＨ）にハラール認証の権限を与えています。一方でそれらを含め、ハラール認証自体がイスラム教に反していると批判する人々もいます。彼らは、ハラール認証というのはユダヤ教徒が食べてもいいものを認証するコーシャ認証の猿真似をした不正行為である、と主張します。さらにイスラム教に教義決定機関がない以上、国であれ組織であれハラールを認証する権利はもたないはずであり、にもかかわらずそれを認証する行為は神の主権の侵害であり、イスラム教徒個人がその認証をあたかも神を信じるかのように信じる行為は多神教の罪にあたる、と批判します。イスラム教のことなど何ひとつ知らない相手にもっともらしい説明をし、うやうやしくハラール認証を与えることとひきかえに多額の費用を請求するのは、イスラム教を濫用したぼったくり商売である、という批判には一定の妥当性があります。

飲食のみに限らず、イスラム教徒は基本的に日常生活の全てをイスラム法のルールに従って暮らしています。しかしそれは必ずしも、私たちが想像するような「規則でがんじがらめの窮屈な生活」ではなく、彼らにとっては習慣化しているあたりまえの生活にすぎません。イスラム法というのは、「それに従って生きれば必ず天国に入れていただける完璧なマニュアル」ですから、イスラム教徒はそれがあることによって安心して生きられると感じます。高校生にとっての校則のように、「自分たちを縛り付ける面倒で不愉快で不必要なルールの集成」などとは全くとらえられていません。自分たちは人間の理性によってでは決して知り得ない「正しい道」を知っているのだという自信は、イスラム教徒にとっての優越感の源ともなっています。

たとえば、私たちは食事を始める際「いただきます」といいますが、イスラム教徒は「ビスミッラー（神の名にかけて）」といいます。私たちは人の家に入る際には「お邪魔します」といいますが、イスラム教徒は「ビスミッラー」といいます。私たちはスピーチの冒頭で、挨拶や自己紹介をしますが、イスラム教徒は「ビスミッラー」といいます。車や電車に乗り込む際、私たちは特に何もいいませんが、イスラム教徒は「ビスミッラー」といいます。私たちは手紙の冒頭には時候の挨拶を記しますが、イスラム教徒は「ビスミッラー」と記します。何かを始める際に「ビスミッラー」といったり記したりするのは、イスラム教徒の務めであり、習慣です。

ビスミッラーというのは、「慈悲深く慈愛あまねき神の名にかけて」というアラビア語のフレーズの省略形です。コーランの各々の章句も、このフレーズから始まります。ハディースにも、「何か食べたいと思った時には、食べ始める際にビスミッラーというべきである」と伝えられています。

なぜ何を始めるにも「神の名にかけて」行わなければならないかというと、それが預言者ムハンマドの慣行だからでもありますが、創造主である神を常に忘れないことが重要だ、と考えられているからです。イスラム教徒は、今自分が生きているのは神がそれを望んでいるからだと認識します。そして多くの恩恵をもたらしてくださる神は、人間がそれを忘れないことを望んでおられると考えます。それゆえ彼らは1日に何度も「ビスミッラー」と唱えるのであり、それは話法として完全に定着しています。

アラブ諸国でアラビア語を使って生活していると、イスラム教徒ではなくても「アッラー（神）」に言及せざるをえない機会が非常に多くなります。食事の際の「ビスミッラー」はいうまでもありませんし、「絶対にそうだ！」と強調したい場合には「ワッラーヒ（神かけて）」といいますし、「本当？」と念を押したい場合には「ワッラーヒ？」といいます。「すごい！」と感嘆を表すには「タバーラカッラー（神こそが祝福）」とか、「マーシャーアッラー（神のお望みのままに）」といいます。これらは慣用句的に定着している上に、他に適当な表現が思い浮かばないことが多いため、私などは異教徒でありながらアラビア語を話す際は「アッラー」を連発するのが常です。

アッラーの入ったアラビア語の常套句で、最もよく知られているのは「インシャーアッラー」と「アッラーフアクバル」でしょう。

イスラム教徒のいい加減さの象徴として語られることの多い「インシャーアッラー」ですが、これはアラビア語で「神がお望みならば」の意味です。イスラム教徒の会話の作法として、未来のことを語る際には必ず「インシャーアッラー」というのがふつうです。例えばある人が「インシャーアッラー、明日15時にいつものカフェで待ち合わせをしましょう」といったなら、いわれた方は「インシャーアッラー」とだけ答える、といった具合です。

この会話の前提にあるのは、神は過去も未来も知っているという神の全知全能性に対する確信です。神はすべての創造者であり、時間を創ったのも場所を創ったのも神なので、神自身は時間も場所も超越しています。コーラン第57章22節には、「地上において起こる災厄も、またあなたがたの身の上に下るものも、ひとつとしてわれ（神）がそれを授ける前に碑板の中に記されていないものはない」とあります。神は人間を創造する前からすべてを知っていて、それをすべて碑板に書き留めたのであり、現世ではそこにすでに書かれたこと、神がすでに決めたことしか起こらない、と信じられています。

ですから既出の2人の場合、明日15時にいつものカフェで会うと神がすでに決めていた場合には会えるだろうし、決めていない場合には会えない、という意味での「インシヤーアッラー」なのです。これは、本人たちのやる気とは全く別次元の問題です。そしてこの会話は、一方が神の全知全能性を信じていない場合には成立しないというのが基本です。

私はモロッコ留学中、借りていたフラットにインターネットの回線をひくために業者に来てもらったのですが、その際「回線をひくのにどれくらいかかりますか？」と尋ねたところ、「インシャーアッラー」と返答されました。「インシャーアッラーってどのくらい？」「インシャーアッラー」という不毛なやりとりをしばらく続けた後、ようやく彼は「インシャーアッラー2年だ」と具体的な期間に言及しました。2年というとかなり遠い未来のように感じますが、彼らにとっては一瞬先であろうと100年先であろうとすべて神のお心次第、という意味では同じなのです。

同じくこの留学中のある日、指導教官だった先生が私に、「インシャーアッラー、明日車で迎えに行くので、ムハンマド5世通りの交差点で10時に待っていろ」といいました。私は翌日10時前から指定場所に立っていたのですが、炎天下で散々待たされた挙句、先生が現れたのは14時過ぎでした。先生には悪びれた様子は全くありませんでしたが、これは神がお決めになったことであり、別に先生のせいでもなんでもないので、謝罪する必要は特にないのです。

私は留学中にこの「インシャーアッラー」の洗礼を散々受けたので、自分でもアラビア語で話す際には「インシャーアッラー」を多用するのですが、初めて話すアラブ人には「イスラム教の作法をよくわかっているな」と苦笑されることがままあります。

なおコーラン第5章1節で「あなたがた信仰する者よ、約束を守りなさい」と命じられているように、イスラム教においても約束を守ることは義務とされています。「インシャーアッラー」で神の全知全能性の前における謙虚な態度を示すことと約束順守の義務は、イスラム教の論理においてはまったく矛盾しません。

一方「アッラーフアクバル」は「神は偉大なり」の意味なのですが、こちらは近年もっぱら悪い意味で知られるようになりました。というのも世界各地で発生しているイスラム過激派によるテロ事件において、犯人が「アッラーフアクバル」といって銃を撃ったとか、ナイフで切りつけたとか、そういった証言がしばしば報道され、これがあたかもテロ実行の合図であるかのように伝わりつつあるからです。

イタリア・ベニスの市長は2017年8月、「もし誰かが『アッラーフアクバル』と叫びながらサン・マルコ広場を駈け抜けたりすれば、その場で射殺する」と講演会で述べて話題となりました。しかしこれは文字通り「神は偉大なり」と神を讃える言葉であり、イスラム教徒が毎日数十回はいうのが当たり前となっている言葉です。イスラム教徒は1日5回礼拝することが義務付けられており、礼拝時間を知らせる呼びかけの言葉は常にこの「アッラーフアクバル」から始まります。ですからイスラム圏では1日5回、街中のスピーカーなどから爆音で「アッラーフアクバル」と唱える声が流されますが、これをテロの合図だと思って身構える人などただのひとりもいません。礼拝を行う際も、そのプロセスの中で何度も「アッラーフアクバル」と唱えることが規定されています。

当該市長が「テロリストに対して容赦はしない」といいたかった気持ちはわかりますが、イスラム教徒に対して神を讃えるなというのはあまりにも無謀です。

一方、敵陣に攻め込む前に「イスラム国」戦闘員が円陣を組んで「アッラーフアクバル」とときの声をあげて出陣したり、自爆テロ実行者が「アッラーフアクバル」と叫びターゲットに向かって突撃したりするのも事実です。これらの行為の当事者は、礼拝もジハードもすべて偉大なる神を讃える行為として行っているのです。

コーラン第33章41節で「あなたがた信者よ、神を常に唱念しなさい」と命じられているように、常に「アッラー」と唱え念じることはイスラム教徒の義務であり、最も簡単でかつ優れた儀礼行為であるとされます。こうすることで神はお喜びになり悪魔は遠ざかる、とも信じられています。コーラン第2章152節にも、「われ（神）を唱念しなさい。そうすればわれもあなたがたを考慮するであろう。われに感謝し、恩を忘れてはならない」と記されています。神を唱念することにより、信者は「心の安らぎを得る（第13章28節）」ともされています。

「人生を楽しむ」という発想はありえない

常に神に感謝し、その恩を忘れないために常に神を唱念し、日常会話においても何かと神に言及するというと、なんだか面倒な印象を受けますが、これらを面倒だと感じたり、そんなことよりももっと人生を楽しみたいと願ったりすることは、正しいイスラム教徒には本来的にありえません。なぜなら神は自身を崇拝させるために人間を創造したので、人間の体も、心も、時間も、その全てが神を崇拝するためのものでなければならないと信じられているからです。人間は神から体を預かっているだけなので、自分の好きなように勝手に自分の体を使ってはならないのです。そして今現在生きているということは、神がそうお望みになり生かしてくださっていることの証なので、その間はひたすら神を崇拝しなければならないのです。

ですから啓示の文言に忠実なイスラム教徒には、神のことなどすっかり忘れて「人生を楽しむ」という発想はありません。「現世の生活は偽りの快楽に過ぎない（コーラン第3章185節）」ので、現世では「信仰して善行に励む（第13章29節）」ことが肝要なのです。神は、「信仰して善行に励む者には、われ（神）は川が下を流れる天国に入らせ永遠にその中に住まわせよう（第4章57節）」と約束してくださっているのですから、そこに疑いの余地はありません。イスラム教において善とは神が命じたことですから、善行に励むとは神の命令にひたすら従うことを意味します。「現世の生活は束の間の快楽に過ぎず、来世こそが永遠の住まい（第40章39節）」であり、現世は来世で天国に入るために人間に与えられた唯一のチャンスですから、そこでのんびりと偽りの快楽に浸ってなどいられないのです。

コーランは「人生を楽しむ」ことに明け暮れる人に対して、「一体あなたがたは来世よりも現世の生活に満足するのか？　現世の生活の楽しみなど来世に比べればわずかなものにすぎない（第9章38節）」と注意をうながします。正しいイスラム教徒はまるで楽しくない人生を送っていたとしても決して失望しませんし、自分の人生はなぜこんなにも報われないのかと嘆くこともありません。なぜなら人生とは、現世ではなく来世で報われるためのものだからです。現世では努力が報われないことも多く、成功が実力ではなく運に左右されることも多々ありますが、来世では善行は必ず、やった分だけ報われます。あんな悪人がなぜ財をなし名声を手に入れているのか、と他人を羨む必要もありません。本当の悪人は、来世でかならず地獄に行くことになるからです。

しかしいくら正しい信者でも、時には誘惑にかられたり悪事に手を染めそうになったりすることはあります。神はそのような場合にも、とにかく神を唱念し、コーランを読み、礼拝せよと命じています。コーラン第29章45節には、「あなた（預言者ムハンマド）に啓示された啓典を読誦し、礼拝の務めを守れ。本当に礼拝は、（人を）醜行と悪事から遠ざける。なお最も大事なことは、神を唱念することである。神はあなたがたの行うことを知っておられる」、と記されています。第2章153節には、「信仰する者よ、忍耐と礼拝に助けを求めよ。まことに神は耐え忍ぶ者たちと共にいらっしゃる」ともあります。

1日5回の礼拝はイスラム教の義務の中でも面倒そうなものの代表格ですが、私は個人的に「礼拝は面倒ではないですか?」と尋ねられて、「はい、実に面倒です」と答えるイスラム教徒を知りません。むしろ礼拝は神と向き合う貴重な時間であり、心の安寧を得ることができる上に、体を動かすことでリラックス効果も得られると説明する人が多く、少なくとも基本的には面倒という感覚で礼拝をとらえることはありません。仮に心の中では面倒だと思っていても、それを口にすることは憚られると考えるのが一般的です。礼拝時の様々な体の動きもイスラム法で規定されていますが、各々の動作にどんな意味があるかは「神の領域」に属することであり、人間があれこれ考えてはならないとされています。

他方みんなが礼拝を尊重するあまり、本来の趣旨とは異なる妙な慣行が定着してしまった例もあります。たとえばエジプトでは、仕事中に礼拝を始めたら最後、驚くほど長時間仕事に戻らない人が少なくありません。エジプト政府職員600万人は1日あたり平均27分しか実質的に労働していない、という公式の調査結果があるほど、エジプト人労働者の非生産性は顕著であることが知られています。これについて2008年、エジプト出身の著名法学者カラダーウィーは、「礼拝は重要だが10分間行えば十分」という法学的見解を出しました。確かに礼拝は通常10分間もあればすみますが、礼拝前の浄めを行うために遠くの水場まで行ったり、礼拝に不可欠なコーランの朗唱で長大な節を選択したりすると、所要時間はどんどん長引きます。「あの時やり忘れた礼拝をやり直そう」などと始めると、それこそきりがありません。カラダーウィーの見解は、礼拝をいいわけにしさえすれば仕事を堂々とサボれる、という考えはイスラム教的に間違っていますよ、という戒めです。

イスラム教徒がどのように生きるべきかを自身の生涯によって示したのが、預言者ムハンマドです。イスラム教徒にとって、預言者ムハンマドは模倣すべき最高の手本とされています。というのも第一に、コーランには「あなたがた信仰する者よ、神に従いなさい、また使徒に従いなさい（第4章59節）」「本当に神の使徒は、神と終末の日を熱望する者、神を多く唱念する者にとって、立派な模範であった（第33章21節）」などとその旨が随所で明言されているからです。そして第二に、預言者ムハンマドは過ちを犯さない無謬の存在とされているからです。そうでないとすると、神の預言が誤って伝えられている可能性が生じ、コーランの一言一句が神の言葉そのものであるという真実が担保されなくなり、イスラム教の大前提が覆されてしまいます。

預言者ムハンマドの「人気」は、世界中に非常に多くのムハンマドさんがいることからもよくわかります。コロンビア百科事典の最新版（第６版）には、ムハンマドはおそらく世界で最も人気のある男性の名前であると記されており、世界中に１５００万人はムハンマドさんがいるとされています。ムハンマドという名前は、イスラム諸国以外でも、フランス、ベルギー、イギリス、スペインといったヨーロッパ諸国やインドなどにおいて人気ランキング上位の常連です。イギリスでは２０１２年以降５年連続で、男の子につけられた名前で最も多かったのがムハンマドとなっています。もとはアラビア語であるムハンマドという名前を英語圏においてアルファベットで表記する場合、Muhammad / Mohammed / Mohammad といったヴァリエーションが生じるのが通例です。イギリス国家統計局は一番人気の名前をオリヴァーだと発表していますが、上記３つのムハンマドを合計するとオリヴァーの数を上回ります。

預言者ムハンマドが何を語りどんな行動をしていたかについては、無数のハディースが残されているので、それらが具体的な手引きとなります。彼の言行は神の啓示に基づいていると見なされているため、ハディースにはコーランに次ぐ権威が認められています。

たとえば預言者ムハンマドは、非常に質素な生活をしていたことで知られています。

ゴザの上で眠っていたとか、二ヶ月間ナツメヤシと水、ラクダの乳だけを口にして暮らしていたとか、破れた服を繕い壊れた靴を修理して着用していたとか、家事をすすんで手伝っていたとか、自ら土を掘って塹壕を作ることもあったとか、亡くなった時遺産はなくラバと武器とわずかな土地だけが残されたなど、彼が極めて慎ましい生活をしていたことを示すハディースは枚挙にいとまがありません。彼は、「現世では異邦人か旅人のようでいなさい」といったとも伝えられています。人間はいつ死ぬかわからないし、来世に財産はもっていけないのだから、常に必要最低限のものだけで身軽に暮らせという意味です。

預言者ムハンマドに近いほど立派な人間である、というのはイスラム教の論理においては確立された基準ですが、預言者はあくまでも努力目標なので、どの程度その言動に倣うかは人によって様々です。

私がカイロに住んでいた時のドライバーさんは、エジプト人の中でも敬虔な人だという意味で周囲から「シェイフ（長老）」などと呼ばれていました。彼は口ひげを揃え、あごひげを伸ばしていました。なぜならそれが預言者ムハンマドの慣行だからです。ムバラク大統領時代に、警官からあごひげを剃るよう何度か注意されたものの絶対に応じなかったというのが、彼の自慢のひとつです。1日5回の礼拝を決して欠かさない彼の額には、「お祈りダコ」があります。礼拝は人に見せつけるためにやるものではありませんが、タコができるほどいつも熱心に礼拝をしているのだろうという理由で、「お祈りダコ」は敬虔さの証とされています。彼は食事の前にはもちろん「ビスミッラー」と唱え、食べる際には必ず右手を使い、手前のものから食べ始め、決して満腹になるまで食べることはありませんでした。これも預言者の慣行です。彼は月曜日と木曜日の日中は必ず断食をしていましたが、これも預言者の慣行です。彼はいくら眠くても絶対にあくびをしないようにしていましたが、これも預言者が、あくびをするとそこから悪魔が入ってくる、といったと伝えられているからです。

預言者ムハンマドは、その人間性についても正直、正義感が強い、信頼できる、寛大、慈悲深い、誠実、勇敢といった、あらゆる美徳を兼ね備えていたと伝えられています。しかし彼も、悩みもすれば迷いもする一人間であるという点においては一般信者と変わりはなく、「神よ、心配、悲しみ、弱さ、怠惰、吝嗇、負債、迫害から私をお守りください」と常々神に祈っていたと伝えられています。こうした人間味溢れる側面も、彼が信者から愛される一因となっています。

一方で預言者ムハンマドの預言者としての生涯は、戦いの日々でもあったことが知られています。彼が神から預言を下されイスラム教の布教を始めてから13年間は、迫害と受難の日々が続きました。暗殺未遂にも何度もあいました。預言者ムハンマドは生前、叔父にイスラム教の布教をやめるよういわれた際、「私の右手に太陽を、そして左手に月を与えてくれようとも、神がイスラム教に勝利を与えるか私が身を捧げるまで、決して断念することはない」といったと伝えられています。こうした不屈の精神と神の支援によって彼の率いるジハードは成功をおさめ、生前既にアラビア半島の大半を支配するまでに至りました。

現在シリアとイラクで軍事的劣勢に立たされている「イスラム国」は、その苦境を常に預言者ムハンマドのそれになぞらえています。真の信仰者が勝利を収めるまでに、迫害や受難というのは必ず通らねばならない道なのだ、と彼らは説きます。実際に預言者ムハンマドもそのような道を経て勝利を獲得したではないか、というわけです。しかも戦いの最中に倒れたとしても、神はそのような人を殉教者として天国の一番高いところに迎え入れてくださるのですから、何も心配することはありません。コーラン第3章195節には次のようにあります。「移住した者、故郷から追放された者、わが道（神の道）のために迫害され、また奮戦して殺害された者には、われ（神）はきっとかれらからすべての罪を消し去り、川が下を流れる天国に入らせよう」。

急成長するイスラム・ファッション

現在イスラム教徒の多くは、「イスラム国」のようなイスラム法１００％の論理ではなく、イスラム法の規範と世俗的な規範との折り合いをつけて暮らしているといえます。その折り合いのつけ方は人それぞれですから、直面する問題も実に多様です。

たとえば２０１７年９月に、ブリュッセルの空港でチュニスからやってきたベルギー市民権を持つ女性が入国審査でニカーブ（顔を覆うベール）をはずすことを拒否したため、本人確認ができないという理由でチュニスに送り返されるという事案が発生しました。彼女の場合、ニカーブをはずすのは絶対に譲れない一方、ベルギーという不信仰の国に行くことは許容していたことになります。対するベルギー当局は、顔を晒して本人確認できない人間は入国させないという判断を下しました。ヨーロッパでニカーブを全面禁止する法を最初に施行したのはフランスであり、それに続いたのがベルギーです。

ニカーブ禁止法は、オーストリアでも２０１７年10月に施行されました。これによりオーストリア人、外国人を問わず公共の場ではニカーブ着用が禁じられ、ニカーブを外すことを拒否した人は警察に連行され罰金１５０ユーロが課せられることになりました。オーストリアには２０１７年現在約70万人のイスラム教徒が暮らしており、その数はこの10年で2倍に増加したとされています。オーストリアでニカーブを着用することを義務と考え、それを譲れない規範と信じるイスラム教徒女性は、もはや罰金を払うことなしに外出することはほぼ不可能な状況です。

ヨーロッパ諸国は、互いが顔を見せ合うことを民主主義社会の成立に必要不可欠な要素として重視します。そしてニカーブを、女性の男性に対する服従の象徴ととらえます。イスラム教を敵視しているからでも、治安上の理由からでもなく、ヨーロッパの普遍的価値に反するがゆえにニカーブは禁じられてしかるべきなのだ、というのがヨーロッパの論理です。これは当然、イスラム教の論理とは相容れません。

ニカーブを着用する女性の中にも、細かなこだわりの差異は数々あります。私はエジプトで、ニカーブを着用した女性たちが主体となって運営する衛星テレビ・チャンネルの取材に際し、相手に敬意を示すつもりでニカーブを着用していったのですが、手袋をはめていない点を指摘され、叱責されました。彼女らはニカーブに加え、手先、足先まで布で覆い隠すことこそが女性の慎み深さの象徴であると信じており、それゆえにイスラム教国であるエジプトですら仕事を見つけるのが難しい、と不満を訴えていました。しかし彼女らは、必要不可欠な場合以外は家の中にいるべきであるとは考えておらず、全身を布で覆い隠せば外で仕事をしてもいいのだ、と認識している点が特徴的です。

世界的に見るとニカーブ着用者はそう多いわけではなく、イスラム教徒女性の多くは、頭髪を覆い隠し、腕や脚が隠れる服装であれば、あとは自由にオシャレをしてもいいのだと考えています。隠している部分が多い女性ほど敬虔、というイメージがあるかもしれませんが、隠す部分の多さと信仰心は比例しません。頭髪だけを覆い隠している女性は概ね、それで十分に慎み深い格好であると信じているからこそそうしているのであり、ニカーブを着用している女性のほうが自分たちより敬虔だなどとは全く考えていないのが通例です。

ロイターのリポートによると、２０１３年にイスラム教徒が衣服や靴に費やした費用は約２６６０億ドルであり、これは世界全体の衣料品の支出全体の約12％にあたります。２０１９年までには、イスラム教徒ファッション市場は、世界のファッション市場の14

％以上を占めるようになるだろうと予測されています。

これらをふまえ、２０１６年にはドルチェ＆ガッバーナがハイファッション・ブランドとしては初めて、イスラム教徒女性向けのコレクションを発表しました。私たちの身近なところでは、ユニクロやＨ＆Ｍ、ＺＡＲＡなどのファストファッション・ブランドも、頭髪を隠すスカーフや、体のラインを隠す裾や袖の長い服、全身を覆うブルキニと呼ばれる水着などの販売を開始しています。２０１７年にはアメリカン・イーグルの発売したデニムのヒジャーブがヒット、２０１８年にはナイキがスポーツ用のメッシュ製ヒジャーブの発売を予定しています。

イスラム教徒市場はファッション業界にとって前途有望であるだけでなく、その拡大と充実はオシャレをしたいイスラム教徒女性にとっても喜ばしい変化であり、いわゆるウィンウィンの状態にあるようにも思われますが、フランスの一部陣営はこれに苦言を呈しています。例えばフランスで家族・児童・女性の権利大臣をつとめる女性政治家ローランス・ロシニョールは、金もうけになるからといってイスラム教徒女性向けの服を売り出すことは、彼女らの身体を閉じ込めることを奨励しているのも同然であり、彼女らの束縛に加担していることになると批判しました。

フランスにおいて自由とは、長い闘争の末に勝ち取った価値ある規範です。しかしロシニョールのようなフランス人にとっては、「脱ぐ自由」「晒す自由」だけが尊重されるべきで、「隠す自由」などというものはない、ということになります。いくらイスラム教徒の側が「私たちは好きでこうした服装を選択しているのだ」といったところで、この種の人々には全く通じません。フランスには全裸で泳げるプールやビーチ、全裸のまま過ごせるキャンプ場などがある一方で、自治体によってはブルキニの着用が禁じられています。ヴァルス首相も２０１６年、ブルキニは「フランス共和国の価値観と相いれない」とし、「ベールで覆うよりも胸をあらわにする方がよりフランスの精神にふさわしい」と述べています。

イスラム教徒女性の中には、日本のいわゆるロリータ・ファッションで全身を覆い隠した「ムスリム・ロリータ」や、頭髪を覆うスカーフを使ってディズニーやアニメのキャラクターを真似たコスプレをする「ヒジャーブ・コスプレ」など、様々なファッションを楽しむ女性たちがおり、彼女らはＳＮＳでさかんに情報を発信しています。２０１６年にはアメリカのミス・ミネソタ大会にヒジャーブとブルキニを着用して出場したハリマ・アデンが話題になり、それ以来彼女はトップ・モデルとして活躍、ファッション誌「ヴォーグ」や「アルーア」で表紙も飾っています。ハリマはインタビューで、ヒジャーブ着用は「慎み深くありたい」という信仰心の現れであり、一方でモデルの道に進んだのは、表舞台で活躍するポジティブなイスラム教徒女性像を体現したかったからだと述べています。

イスラム教の戒律を守りつつファッションを楽しむという彼女らの姿は、日本人にとっても親しみやすく、「望ましい」イスラム教徒の代表格といえるでしょう。しかし彼女らが示すのはあくまで現代のイスラム教徒のあり方のひとつにすぎず、しかもそれはイスラム教の論理において特別「望ましい」わけでも「理想的」であるわけでもないことには留意が必要です。

服装以外の点においても、イスラム教徒の中にはイスラム法の規定遵守にそれほどこだわらずに暮らしている人も多くいます。イスラム法を厳格に解釈する人は、サッカーも音楽もダンスも全て禁止されると考えますが、サッカーは中東で大衆的な人気のあるほぼ唯一のスポーツですし、アラブ世界にも巨大な音楽市場があり、結婚式には音楽とダンスがつきものです。異教徒と友達になるのも本来は禁止ですが、異教徒の友達を持つイスラム教徒は少なくありません。飲酒もタバコも賭け事も禁止ですが、それらを好むイスラム教徒もいます。そうした人々の中には、世俗的で何が悪い、と開き直っている人もいれば、神はこれらを許容してくださっていると信じている人もいます。

日本人のような異教徒と付き合いのあるイスラム教徒は概して、イスラム法の規定の遵守にそれほどこだわらない「穏健」なイスラム教徒であるか、あるいは戦略的にそう装う人々です。だからといって私たちが、法規定を徹底的に遵守するイスラム教徒を「過激」だと決めつけたり、それは「本当のイスラム教」ではないと断定したりすることは、逆にイスラム教に対する冒瀆となりかねません。イスラム教徒たち自身が互いに「あれはイスラム教徒ではない」と罵り合っているので状況がややこしいのは確かですが、そこに私たちがコミットしたところで、得られる利益はなにもないでしょう。

「穏健」なイスラム教徒は、異教徒である私たちから見ると付き合いやすいイスラム教徒です。「過激」なイスラム教徒は時に私たちを敵視しますから、平和裡に共存するのはなかなか難しい相手です。「穏健」なイスラム教を私たちが支持することによって「過激」なイスラム教徒がいなくなるのであれば、確かに私たちにとっては好都合です。しかし「過激」なイスラム教徒は、異教徒が「穏健」なイスラム教徒に味方をすれば、それを「穏健」派の不正の証拠ととらえ、ますます「過激」な解釈に固執するでしょう。

ウサマ・ビンラディンの息子で次世代のイスラム過激派の指導者とも目されるハムザ・ビンラディンは、2017年9月に公開された音声メッセージで次のように述べました。

「西から東に至るあらゆる国家があなた方（ジハード戦士）たちと戦うのは、あなた方が真のイスラム教にもとづく政府を樹立しようとしているからである。（中略）わがイスラム共同体よ、インドネシアからモロッコまで広がるわがイスラム教徒同胞たちよ、これ（シリアでのジハード）はシリアにとっての試練ではなく、イスラム教それ自体に対する試練である。敵が恐れているのは、イスラム教の確立なのだ」

彼が主張するように、私たちは、イスラム教徒がイスラム法に基づきイスラム政府を樹立してイスラム法による統治を行うことを恐れています。だから私たちは、それを目指して武装蜂起している「イスラム国」やアルカイダを「テロリスト」と呼んで非難するのです。しかしハムザ・ビンラディンは同じ音声声明で次のようにもいっています。

「我々は西欧の我々に対する怒りと憎しみを誇りとしよう。我々をテロリストと呼ぶことを誇りとしよう」

彼らは私たちと価値観を共有していませんし、共有したいとも考えていないわけですから、どんな言葉で非難されようと痛くもかゆくもありません。「イスラム国」に至っては、自分たちの攻撃のことを「正義のテロ」と自称しています。彼らは「話せばわかる」相手ではないどころか、そもそも話し合いなど成立しません。こうした、私たちから見ると極めて「厄介な」イスラム教徒もいるのです。私たちがイスラム政府など樹立しようとしない、民主的で、世俗的で、穏健で、異教徒にフレンドリーなイスラム教徒を「正しい」イスラム教徒として歓迎するのは、「厄介な」イスラム教徒に対する恐怖と嫌悪の裏返しです。

ハムザ・ビンラディンは既出の音声声明で、イスラム共同体を「わが共同体」と呼んでいます。イスラム共同体は、イスラム教というイデオロギーで統一された信徒の集団であり、預言者ムハンマドはこれを「わが共同体」と呼んでいました。「イスラム国」のカリフを名乗るバグダーディーも、この呼称を採用しています。西洋の価値観に飼いならされ、すっかり腑抜けになってしまったイスラム教徒を覚醒させ、改めて己のすべてを神に捧げる信徒の共同体として一致団結してジハードを行い、世界制覇を実現させるのがハムザの目的です。「わが共同体」という呼称には、彼自身がその共同体を指導者として率いていこうという意志が表明されています。

しかしハムザが実際にその指導者たりえなかったとしても、ジハードの行く末にそれほど影響はありません。重要なのは、国や地域の枠組みを越えて全イスラム教徒がひとりの指導者のもとに結束しジハードを実行することこそ、あるべき理想的なイスラム共同体像である、と思い起こさせる誰かが存在し続けることです。神がそれを目指すよう命じている以上、イスラム教徒としてはそれを志向するのがむしろ「自然」です。それをわかった上で彼らをそれとは反対の「不自然」な方向へ誘導するには、嘘だとわかっていて皆で嘘をつきとおすような、そういった覚悟が必要なのです。

飯山陽　1976（昭和51）年東京生まれ。イスラム思想研究者。アラビア語通訳。上智大学アジア文化研究所客員所員。東京大学大学院人文社会系研究科単位取得退学。博士（東京大学）。

Ⓢ新潮新書

752

イスラム教《きょう》の論理《ろんり》

著　者　飯山陽《いいやまあかり》

2018年２月20日　発行
2020年２月20日　５刷

発行者　佐　藤　隆　信

発行所　株式会社新潮社
〒162-8711　東京都新宿区矢来町71番地
編集部(03)3266-5430　読者係(03)3266-5111
http://www.shinchosha.co.jp

印刷所　株式会社光邦

製本所　株式会社大進堂

ISBN978-4-10-610752-8 C0214